Souverän auftreten in der
Businesskommunikation

Michael Oefner

Souverän auftreten in der Businesskommunikation

Erfolgsschlüssel für Verhandlungen, Präsentationen, Meetings und Gespräche

3., erweiterte Auflage

Michael Oefner
TALKtrainer GmbH
Luzern, Schweiz

Durch die BotTalk UG, Hamburg mittels künstlicher Intelligenz erzeugte Audiodateien sind online verfügbar. Um die Audioversion dieses Buches zu hören, klicken Sie auf den Link oder scannen Sie ihn mit der Springer Nature More Media App: sn.pub/41yc2c

ISBN 978-3-658-46252-9   ISBN 978-3-658-46253-6 (eBook)
https://doi.org/10.1007/978-3-658-46253-6

Die Deutsche Nationalbibliothek verzeichnet diese Publikation in der Deutschen Nationalbibliografie; detaillierte bibliografische Daten sind im Internet über https://portal.dnb.de abrufbar.

© Der/die Herausgeber bzw. der/die Autor(en), exklusiv lizenziert an Springer Fachmedien Wiesbaden GmbH, ein Teil von Springer Nature 2021, 2023, 2024

Das Werk einschließlich aller seiner Teile ist urheberrechtlich geschützt. Jede Verwertung, die nicht ausdrücklich vom Urheberrechtsgesetz zugelassen ist, bedarf der vorherigen Zustimmung des Verlags. Das gilt insbesondere für Vervielfältigungen, Bearbeitungen, Übersetzungen, Mikroverfilmungen und die Einspeicherung und Verarbeitung in elektronischen Systemen.
Die Wiedergabe von allgemein beschreibenden Bezeichnungen, Marken, Unternehmensnamen etc. in diesem Werk bedeutet nicht, dass diese frei durch jede Person benutzt werden dürfen. Die Berechtigung zur Benutzung unterliegt, auch ohne gesonderten Hinweis hierzu, den Regeln des Markenrechts. Die Rechte des/der jeweiligen Zeicheninhaber*in sind zu beachten.
Der Verlag, die Autor*innen und die Herausgeber*innen gehen davon aus, dass die Angaben und Informationen in diesem Werk zum Zeitpunkt der Veröffentlichung vollständig und korrekt sind. Weder der Verlag noch die Autor*innen oder die Herausgeber*innen übernehmen, ausdrücklich oder implizit, Gewähr für den Inhalt des Werkes, etwaige Fehler oder Äußerungen. Der Verlag bleibt im Hinblick auf geografische Zuordnungen und Gebietsbezeichnungen in veröffentlichten Karten und Institutionsadressen neutral.

Planung/Lektorat: Laura Spezzano
Springer Gabler ist ein Imprint der eingetragenen Gesellschaft Springer Fachmedien Wiesbaden GmbH und ist ein Teil von Springer Nature.
Die Anschrift der Gesellschaft ist: Abraham-Lincoln-Str. 46, 65189 Wiesbaden, Germany

Wenn Sie dieses Produkt entsorgen, geben Sie das Papier bitte zum Recycling.

*Für Tabitha, die mir immer wieder zeigt,
dass man im Leben oft auch ganz ohne Worte
am allermeisten sagen kann.*

Vorwort

Im Business gilt: Wer souverän und überzeugend kommuniziert, hat automatisch mehr Erfolg – sei es bei Verhandlungen, bei Präsentationen, bei Meetings oder ganz allgemein im Austausch mit seinem Umfeld.

Was mich dabei als Kommunikationstrainer immer wieder fasziniert, ist der Umstand, wie es gewissen Leuten mit scheinbarer Leichtigkeit gelingt, schwierige Situationen mit Worten zu lösen. Und wie es andere wiederum fertigbringen, entspannte Situationen mit wenigen Worten in ein regelrechtes Schlachtfeld zu verwandeln.

Durch diesen Ratgeber erhalten Sie eine prall gefüllte Toolbox mit ganz vielen praktischen Werkzeugen für die Businesskommunikation. Und Sie erfahren vor allem auch, wie Sie diese Werkzeuge optimal anwenden können.

Übrigens: Bei meiner eigenen Kommunikation achte ich stets auf die folgenden drei Dinge, die eng miteinander zusammenhängen:

1. Ziel → Ich frage mich: Was will ich ganz genau erreichen?
2. Taktik → Nach der exakten Zieljustierung kann ich mir überlegen, auf welchem Weg ich das gesteckte Ziel erreichen kann.
3. Vorbereitung → Durch die Zieljustierung und die taktischen Überlegungen zwinge ich mich automatisch zur Vorbereitung.

Das ergibt mein, wie ich es nenne, magisches Kommunikationsdreieck, in dem ich mich konsequent zu bewegen versuche. Und zwar immer mit dem wichtigen Spruch im Hinterkopf: Sage nicht alles, was du weißt, aber wisse immer, was du sagst.

Ein wichtiger Hinweis liegt mir hier noch ganz besonders am Herzen: Selbstverständlich sollen sich in diesem Ratgeber alle Geschlechter gleichermaßen angesprochen fühlen. Der besseren Lesbarkeit halber verwende ich aber das generische Maskulinum. Denn wenn z. B. aus der «herrenlosen Damenhandtasche auf dem Zebrastreifen» plötzlich eine «personenentfremdete, primär vom weiblichen Bevölkerungsanteil bevorzugte Handtasche auf den für feminine, maskuline und diverse Verkehrsteilnehmende vorgesehenen Zebrastreifen» wird, liest sich das einfach nicht mehr flüssig. Zumal in diesem Beispiel trotz aller Genderkonformität offen bleibt, welchem Geschlecht sich denn eigentlich das Zebra zugehörig fühlt, das großzügigerweise seine Streifen für unsere Sicherheit zur Verfügung stellt.

Also, ob Dame oder Herr oder divers ausgerichtet: Ich wünsche Ihnen durch diesen Ratgeber ganz viele wertvolle Einsichten und vor allem viel Erfolg in Ihrer Kommunikation. Und wer weiß, vielleicht treffen wir uns ja mal persönlich – ich würde mich freuen!

Ihr

Michael Oefner

Um die Audioversion dieses Buches zu hören, klicken Sie auf den Link oder scannen Sie ihn mit der Springer Nature More Media App:

sn.pub/41yc2c

Inhaltsverzeichnis

Vorwort VII
Über den Autor XIII

Die PaMuHuSch-Formel für souveräne Gewinner 1

1	Kommunikation	5
1.1	Ehrliche Motivation	6
1.2	Selbstvertrauen fördern	8
1.3	Sach- und Beziehungsebene	10
1.4	Verbale und nonverbale Signale	12
1.5	Überzeugende Körpersprache	14
1.6	Erster Eindruck	16
1.7	Souveräner Blickkontakt	18
1.8	Dynamische Gestik	20
1.9	Reibungsfreier Kommunikationskreislauf	22
1.10	Spannungen begegnen	24
1.11	Ansprechendes Äußeres	26
1.12	Videokonferenzen und Telefongespräche	28
1.13	Zusammenfassung: 10 Erfolgsregeln für die Kommunikation	30
2	Verhandlungstechnik	33
2.1	Offensiv vs. defensiv	34
2.2	Verhandlungszone ausloten	36
2.3	Überzeugende Argumentation	38
2.4	Passender Verhandlungsstil	40
2.5	Präzise Vorbereitung	42
2.6	Praktisches Vorbereitungsschema	44
2.7	Aktiver Einstieg	48
2.8	Starke Verhandlungsphase	50

2.9	Erfolgreicher Abschluss	52
2.10	Druck erzeugt Gegendruck	54
2.11	Angriffe abwehren	56
2.12	Gründliche Nachbearbeitung	58
2.13	Zusammenfassung: 10 Erfolgsregeln für die Verhandlungstechnik	60
3	Präsentationstechnik/Rhetorik	63
3.1	Exakte Zieljustierung	64
3.2	Genaue Publikumsausrichtung	66
3.3	Konsequente Reduktion	68
3.4	Überzeugender Aufbau	70
3.5	Packender Einstieg	72
3.6	Wirkungsvoller Schluss	74
3.7	Powervolles PowerPoint	76
3.8	Praktisches Handout	78
3.9	Nervosität aushalten	80
3.10	Optimales Manuskript	82
3.11	Sorgfältige Übung	84
3.12	Umgang mit Fragen	86
3.13	Zusammenfassung: 10 Erfolgsregeln für Präsentationen	88
4	Meetingmethodik	91
4.1	Klare Zielorientierung	92
4.2	Praktisches Strukturmodell	94
4.3	Gewissenhafte Vorbereitung	98
4.4	Konsequente Meetingleitung	100
4.5	Motivierte Teilnehmende	102
4.6	Schlanke Agenda	104
4.7	Straffes Zeitmanagement	106
4.8	Mutige Entscheidungsfreude	108

4.9	Aussagekräftiges Protokoll	110
4.10	Vernünftige Regeln	112
4.11	Meetingterroristen stoppen	114
4.12	Passende Raumgestaltung	116
4.13	Zusammenfassung: 10 Erfolgsregeln für die Meetingmethodik	118
5	Führungskommunikation	121
5.1	Motivator, Vorbild und Vertrauter	122
5.2	Offen kommunizierte Wertschätzung	124
5.3	Richtiges Zuhören	126
5.4	Wirksames Teambuilding	128
5.5	Positive Fehlerkultur	130
5.6	Umgang mit Kritik	132
5.7	Gut geführte Vorstellungsgespräche	134
5.8	Erfolgreiche Mitarbeitergespräche	136
5.9	Talente fördern	138
5.10	Veränderungen etablieren	140
5.11	Umgang mit Stress	142
5.12	Erfolgreiches Networking	144
5.13	Zusammenfassung: 10 Erfolgsregeln für die Führungskommunikation	146

Nachwort 148
Anhang – Leeres Vorbereitungsschema zum selbst ausfüllen 149

Über den Autor

Michael Oefner ist Experte für das gesprochene Wort im Business. Als Trainer, Coach und Speaker inspiriert und unterstützt er Fach- und Führungskräfte, um optimal zu kommunizieren. Er hilft seinen Kunden, ihren Erfolg durch souveränes Auftreten und wirkungsvolle Taktiken zu steigern. Zu seinen Spezialgebieten gehören die Verhandlungs- und Präsentationstechnik, Körpersprache und Meetingkultur.

Nach einer kaufmännischen Ausbildung war Michael Oefner im Marketing und Eventmanagement tätig. 2008 gründete er mit der TALKtrainer GmbH sein eigenes Unternehmen. Zu den Kunden zählen namhafte Großkonzerne sowie kleine und mittelgroße Unternehmen. Auch zahlreiche Non-Profit-Organisationen nutzen die Dienste. Michael Oefner ist zudem Dozent bei diversen Bildungsinstituten und er nimmt verschiedene Lehrmandate an Hochschulen und Universitäten wahr.

Michael Oefner
TALKtrainer GmbH
www.talktrainer.ch

Die PaMuHuSch-Formel für souveräne Gewinner

«The Winner Takes It All» hat die Band ABBA in ihrem Welthit gesungen. Das gilt auch für die Kommunikation im Business, denn hier haben Gewinner oft auf der ganzen Linie Erfolg. Und im Business gibt es nicht nur Geld, sondern vor allem auch Personen für sich und für seine Ideen zu gewinnen: Kunden, Mitarbeitende, Vorgesetzte, Verhandlungspartner, Meetingteilnehmende, Zuhörende im Publikum und viele, viele mehr. Souveränes Auftreten ist dabei meistens der wichtigste Schlüssel für den Erfolg, oder eben: für den Gewinn.

Doch bevor wir uns Gedanken über irgendwelche Theorien und Praktiken machen, gilt es zuallererst, die PaMuHuSch-Formel kennenzulernen. Diese setzt sich aus **Pa**ssion, **Mu**t, **Hu**mor und **Sch**lagfertigkeit zusammen. Ohne diese vier Elemente ist es schwierig bis unmöglich, seine Ziele zu erreichen und zum Gewinner zu werden. Allen Tipps und Tricks, denen Sie in diesem Ratgeber begegnen, liegt die konsequente Anwendung der PaMuHuSch-Formel für souveräne Gewinner zugrunde, deren Zutaten im Detail wie folgt aussehen:

Passion

Passion gewinnt immer. Denn Passion oder Leidenschaft ist der Antrieb des Erfolgs. Talent ist gut. Erfahrung ist besser. Aber Passion ist am besten, weil sie uns antreibt und uns motiviert, das zu tun, was wir tun wollen oder manchmal auch ganz einfach tun müssen. Passion wirkt sich direkt auf unser Durchsetzungsvermögen und auf unsere Ausstrahlung aus. Die Chinesen sagen: «Wer kein freundliches Gesicht hat, soll auch kein Geschäft eröffnen!» Und man könnte anfügen: Wer kein freundliches Gesicht hat, soll generell nicht mit seinen Mitmenschen kommunizieren. Darum darf es auch keine verbissene Passion sein, von der wir uns leiten lassen, sondern vielmehr eine freundliche, motivierte und positive Passion.

Mut

Mut gewinnt immer. Den Mutigen gehört nicht nur die Welt, sondern auch der Erfolg in der Kommunikation. Natürlich ist nicht alles einfach in der Kommunikation. Und manches mag vielleicht anfänglich fast unerreichbar scheinen, wie z. B. das Sprechen vor großem Publikum. Doch hier gilt: Nicht, weil die Dinge unerreichbar sind, wagen wir sie nicht, sondern, weil wir es nicht wagen, bleiben sie unerreichbar. Deshalb muss man gewisse Dinge in der Kommunikation ganz einfach tun, um sie zu erreichen. Erfahrung und Routine sind sehr wertvoll in der Kommunikation. Dazu kommt man allerdings nur, wenn man den Mut aufbringt, ins kalte Wasser zu springen. Darum: Nur Mut, es kommt schon gut, denn mit Mut beginnen oft die besten Geschichten.

Humor

Humor gewinnt immer. Schließlich ist Lachen gesund. Und logisch, dass Humor auch immer ein gewisses Niveau haben muss. Heiterkeit fördert gute Laune und gut gelaunte Leute leisten und erreichen mehr als Miesepeter und Sauertöpfe. Humor hilft uns auch, den Dingen den richtigen Stellenwert zu geben und vor allem, um ihnen nicht *zu viel* Wert beizumessen. In der Kommunikation kann – trotz bester Vorbereitung – immer mal wieder etwas schiefgehen. Und da darf man dann ruhig auch mal über sich selbst lachen, denn eine tüchtige Portion Selbstironie macht durchaus sympathisch. Somit ist Humor, wie jemand mal treffend gesagt hat, effektiv das Passwort fürs Leben[1].

Schlagfertigkeit

Schlagfertigkeit gewinnt immer. Dummerweise ist Schlagfertigkeit das, worauf man erst 24 Stunden später kommt … Tja, hinterher ist man natürlich immer schlauer. Bei der Schlagfertigkeit ist es jedoch vor allem wichtig, in einer wichtigen Situation *überhaupt* zu reagieren und nicht einfach nur verlegen zu schweigen und damit wertvollen Boden zu verlieren. Entscheidend ist somit nicht so sehr, *was* man genau sagt, sondern *dass* man etwas sagt. Wer in einer entsprechenden Situation das erstbeste, was ihm gerade einfällt, mutig raushaut, lässt sich nicht auf der Nase herumtanzen. Das ist viel besser, als auf die perfekte Eingebung zu warten – und dies 24 Stunden lang.

---

[1] «Das Passwort fürs Leben heißt Humor», Martin-Niels Däfler, Springer Gabler, 2017, ISBN 978-3-658-17301-2

Zusammengefügt ergeben diese vier Grundzutaten die erfolgsversprechende PaMuHuSch-Formel, die es in der Kommunikation konsequent anzuwenden gilt. Achten Sie also darauf, dass Sie in Ihrer Kommunikations-Toolbox immer die vier Werkzeuge **Pa**ssion, **Mu**t, **Hu**mor und **Sch**lagfertigkeit dabeihaben und dass Sie diese auch wirklich mutig einsetzen. Denn damit sind Sie bestens gerüstet für die Kommunikation in Ihrem Businessalltag. Und damit werden Sie zum souveränen Gewinner. Und freuen Sie sich, denn: «The Winner Takes It All».

1 Kommunikation

Kommunikation ist wohl die wichtigste von allen Kompetenzen, die uns zur Verfügung stehen. Ab dem allerersten Moment, in dem wir das Licht der Welt erblicken, kommunizieren wir. Durch Kommunikation teilen wir uns mit, wir nehmen Informationen auf, tauschen uns aus. Bekanntlich können wir gar nicht *nicht* kommunizieren, denn selbst wenn wir nichts sagen, redet unser Körper. Darum ist die Körpersprache in der Kommunikation überaus wichtig.

Aber natürlich fällt auch der Sprache selbst, also den Worten, großes Gewicht zu. Tatsächlich sind die optimalen Worte der rote Teppich für den Erfolg. Und oft genug waren die falschen Worte schon der Grund für eine Katastrophe …

Kommunikation ergibt sich also aus der Vielzahl an Signalen, die wir senden und empfangen. Und von diesen Signalen sind wiederum die Gefühle abhängig. Und von den Gefühlen die Befindlichkeit. Und von der Befindlichkeit die Ausstrahlung. Und von unserer Ausstrahlung der Erfolg. Somit hängt in der Kommunikation alles dicht zusammen. Aus diesem Grund sind auch alle Bereiche aus diesem Ratgeber eng miteinander verknüpft.

Und obwohl natürlich alle Menschen individuell und einzigartig sind, gleichen wir uns alle doch sehr in Bezug auf unsere Bedürfnisse in der Kommunikation. Daher gibt es gewisse Muster und Grundsätze, die generell zum Erfolg führen, während andere zum Scheitern verurteilt sind.

Ganz wichtig in der Kommunikation: Rechnen Sie immer mit Überraschungen. Diese machen das Leben bekanntlich spannend. Und vergessen Sie nie: Wer im Fokus steht, eckt mitunter auch mal an. Doch schon Platon philosophierte: «Ich kenne keinen sicheren Weg zum Erfolg, aber einen sicheren Weg zum Misserfolg: Es allen recht machen zu wollen.» Lassen Sie sich also nicht entmutigen, wenn Ihr Kommunikationsstil nicht immer allen zusagt.

Und zu guter Letzt sei nochmals an die Grundelemente Passion, Mut, Humor und Schlagfertigkeit erinnert. Diese vier Joker sollten Sie immer einstecken, damit Sie sie bei Bedarf aus dem Ärmel schütteln können. So sind Sie optimal vorbereitet für eine erfolgreiche und sympathische Kommunikation.

1.1 Ehrliche Motivation

Wie vieles im Leben ist auch die Kommunikation eng mit der eigenen Einstellung verknüpft. Wer sich zuversichtlich und mutig seinen Herausforderungen stellt, hat die selbstbewusste Ausstrahlung, die es für den Erfolg braucht.

Selbstverständlich hat gute Kommunikation auch mit passender und bewusst angewandter Technik zu tun. Doch um Leute zu überzeugen und zu motivieren, sind Sympathie, Ehrlichkeit und eine positive Ausstrahlung definitiv wichtiger als taktische Finessen – sei es in Meetings, Verhandlungen, Präsentationen oder in welcher Situation auch immer.

Erfolgreiche Leute sind mehrheitlich positiv eingestellt und motiviert. Sie sind davon überzeugt, dass sie gute Resultate erzielen können. Wo andere Menschen Probleme sehen, wittern sie Chancen. Und selbst Misserfolge akzeptieren sie als Gelegenheiten zum Lernen und Wachsen.

Abraham Lincoln, der 16. Präsident der USA, machte folgende Beobachtung: «Die meisten Menschen sind so glücklich, wie sie es sich selbst vorgenommen haben.»[2] Das gilt auch für das Kommunikations*glück*, denn ganz ehrlich: Ein bisschen Glück gehört auch immer dazu, wenn Dinge besonders gut gelingen. Doch man muss dem Glück auch die Chance geben, den Weg zu einem zu finden. Und eine gesunde Motivation ist ein prima Wegweiser fürs Glück.

Seien Sie also unbedingt motiviert und trauen Sie sich den Erfolg zu. Erfolg hat bekanntlich drei Buchstaben: TUN! Wer zögert, fliegt am Ziel vorbei. Zaudern Sie nicht, sondern seien Sie top motiviert und freuen Sie sich zuversichtlich auf Ihre Chancen zum Erfolg. Denn tatsächlich ist Motivation der Zündschlüssel für den Erfolg.

---

[2] «New Year's Resolutions by Dr. Frank Crane», Syracuse Herald, New York, 1. Januar 1914

Dos und Don'ts

Vor dem Start innehalten und Motivation sammeln

Halten Sie vor jedem wichtigen Einsatz kurz inne und justieren Sie Ihre Einstellung auf Erfolg. Konzentrieren Sie sich voll und ganz auf den Moment und denken Sie dabei vor allem an Ihre Stärken. Achten Sie direkt vor dem Startschuss auf eine positive Körperhaltung und Mimik und dann heißt es: Abflug Richtung Erfolg!

Warten auf Außenmotivation

Wer dauernd darauf wartet, dass jemand anders ihn motiviert oder ihm gut zuredet, macht seinen Erfolg vom Umfeld abhängig. Aber da ja bekanntlich jeder seines Glückes Schmied ist, warten Sie besser nicht, bis ein Glücksschmied vorbeikommt. Pushen Sie sich vielmehr selbst zum Erfolg.

1.2 Selbstvertrauen fördern

Wenn Motivation der Zündschlüssel für den Erfolg ist, dann ist Selbstvertrauen der Treibstoff, um auf der Erfolgsstraße zügig voranzukommen. Damit Sie andere davon überzeugen können, Ihnen zu vertrauen, müssen Sie es zunächst selbst tun! Denn wenn Sie nicht an sich selbst glauben – warum sollten es andere tun?

Ganz viele Fähigkeiten, die eine überzeugende Kommunikation ausmachen, basieren auf einem kräftigen Selbstvertrauen: aufrechte Haltung, kräftige Stimme, großzügige Gestik, guter Blickkontakt, und zwar auch in heiklen Momenten oder wenn man auf Widerstand stößt, um nur einige Beispiele zu nennen.

Natürlich können manche Momente in der Kommunikation durchaus kritisch sein, wie zum Beispiel eine entscheidende Verhandlung oder eine wichtige Präsentation. Und klar kann dabei auch mal etwas schiefgehen. Aber statt sich darauf zu konzentrieren, was alles misslingen könnte, sehen selbstbewusste Menschen in solchen Momenten vor allem die Chance für einen Erfolg.

Tatsächlich geht es beim Selbstvertrauen primär darum, sich auf den möglichen Erfolg, statt auf das mögliche Scheitern zu konzentrieren. Sehen Sie deshalb in jeder Schwierigkeit eine Gelegenheit, statt in jeder Gelegenheit eine Schwierigkeit.

Henry Ford sagte es so: «Ob du glaubst, du schaffst es, oder ob du glaubst, du schaffst es nicht, du hast auf jeden Fall recht.»[3] Diese Aussage hat nichts mit transzendentem Schicksalsglauben zu tun, sondern sie erinnert uns vielmehr daran, dass sich unser Verhalten, unsere Ausstrahlung und auch unsere Worte nach dem Glauben an uns selbst richten. Und genau darum kann jeder seinen Erfolg über weite Strecken selbst steuern – eben: abhängig vom Vertrauen in sich selbst.

---

[3] «The Reader's Digest», The Reader's Digest Association, September 1947

Dos und Don'ts

Rückschläge bewusst wegstecken

Ohne Rückschläge und Enttäuschungen geht es leider nie im Leben – auch nicht in der Kommunikation. Selbstbewusstsein kommt denn auch nicht davon, immer richtig zu liegen, sondern davon, keine Angst zu haben, auch mal daneben zu liegen. Statt sich aber von Rückschlägen das Selbstvertrauen knicken zu lassen, gilt es, Misserfolge kurz zu analysieren und sie dann hinter sich zu lassen. Denn wer sich beim Misserfolg aufhält, verpasst leicht den nächsten Erfolg.

Überheblichkeit

Bekanntlich macht allein die Dosis das Gift. Das gilt auch für das Selbstvertrauen. Eine großzügige Portion Selbstsicherheit ist absolut nötig. Wer sich jedoch allzu sicher fühlt, wirkt rasch überheblich und arrogant. Denn auch hier gilt: Allzu viel ist ungesund.

1.3 Sach- und Beziehungsebene

Die zwischenmenschliche Kommunikation findet immer gleichzeitig auf zwei Ebenen statt: Auf der Sachebene (auch Inhaltsebene genannt) und auf der Beziehungsebene (auch Gefühlsebene genannt). Und obwohl wir uns in der Businesskommunikation primär von sachlichen Argumenten leiten lassen, schlagen uns die Gefühle doch immer wieder ein Schnippchen.

Einfach gesagt wohnen die Sachen im Kopf und die Gefühle im Bauch. Und da der Bauch nun mal wesentlich größer ist als unser Kopf, folgen wir öfter den Gefühlen. Das führt mitunter dazu, dass wir zwar rational denken, aber irrational handeln. Und das erklärt auch die vielen Momente im Leben, in denen wir zu unserer eigenen Überraschung etwas ganz anderes machen, als wir uns im Voraus eigentlich vorgenommen haben.

Die Sachebene steht meistens im Zentrum der Kommunikation. Sie bestimmt das Thema und die Inhalte, um die sich die Worte drehen. Die Beziehungsebene definiert den Kontext oder den Rahmen, in den die Sachebene eingebettet ist. Und diese Rahmenbedingungen sind uns Menschen eben sehr wichtig. Fühlen wir uns wohl und vertrauen wir dem Gegenüber, verhalten wir uns ganz anders, als wenn wir uns unbehaglich und unter Druck gesetzt fühlen oder wenn das Vertrauen fehlt.

Unsere Gefühle und die dadurch definierte Beziehungsebene wirken sich sehr direkt auf unsere Körpersprache und auf unser generelles Verhalten aus. Und die Gefühle haben natürlich auch Einfluss auf das, was wir sagen oder vielfach gerade auch *nicht* sagen und logischerweise auch darauf, *wie* wir etwas sagen.

Wollen Sie in der Kommunikation gute Ziele erreichen, ist es also ganz wichtig, in möglichst stabile und belastbare Beziehungen zu investieren. Denn mit gutem Bauchgefühl ergeben sich viel bessere Resultate, als wenn in der Schaltzentrale der Gefühle eine rote Alarmlampe blinkt.

Dos und Don'ts

Umgang mit schwierigen Beziehungen

Ist die Beziehungsebene gestört, lohnt es sich, diese zuerst zu verbessern, statt sofort gute Resultate auf der Sachebene anzustreben. Und wo dies aufgrund der Situation nicht möglich ist, gilt es, die negativen Gefühle möglichst auszublenden und sich voll und ganz auf die Sachebene zu konzentrieren. Mit diesem Trick kann z. B. eine Verhandlung mit einem schwierigen Gegenüber oder ein Meeting mit belastetem Team trotzdem gelingen.

Kommunikative Brechstange

Wer bei der Kommunikation mit Druck und fragwürdigen Methoden die andere Seite zu überzeugen versucht, wird rasch durchschaut. Solches Verhalten wirkt sich immer auf die Beziehungsebene aus und sorgt hier für Misstrauen und Widerstand. Dadurch verbaut man sich auf der Sachebene den Weg zum Ziel. Wer statt der kommunikativen Brechstange den Schlüssel einer positiven und freundlichen Grundhaltung einsetzt, kommt viel eher zum Erfolg.

1.4 Verbale und nonverbale Signale

Beim Stichwort Kommunikation denken viele zuerst an die Sprache an sich, also an Worte, Sätze, Aussagen usw. Interessanterweise ist dies allerdings der weniger gewichtige Aspekt.

Der Begriff Kommunikation geht auf das lateinischen Wort *communicare* zurück, das «teilen» oder «mitteilen» bedeutet. Kommunikation fasst somit den Austausch und die Übermittlung von Informationen zwischen Personen zusammen. Und dies geschieht längst nicht nur mit Worten, denn jedes Verhalten, jedes Zwinkern, jeder Fingerzeig oder auch jedes Schweigen ist eine Facette der so vielschichtigen zwischenmenschlichen Kommunikation. Deshalb findet immer, wenn Menschen zusammentreffen, Kommunikation statt. Ganz automatisch. Es geht gar nicht anders.

Wissenschaftlich betrachtet setzt sich Kommunikation aus verbalen Signalen, also der gesprochenen Sprache an sich und aus den nonverbalen Signalen zusammen. Dazu gehören vor allem Mimik, Gestik, Körperhaltung, Blickkontakt, Tonfall und auch die Distanz zwischen Personen.

Ganz wichtig dabei: Nonverbale Signale werden viel stärker gewichtet als Worte. Wir alle haben schon die Erfahrung gemacht, dass man zwar mit dem Mund, aber kaum mit dem Körper lügen kann. Außer man ist Schauspieler. Und zwar ein richtig guter. Und das sind die wenigsten. Darum glauben Menschen intuitiv viel eher dem Gesehenen und dem Gefühlten als dem Gehörten.

Und bezeichnenderweise liegt dem Wort «Stimmung» offensichtlich das Wort «Stimme» zugrunde. Das ist ein deutlicher Hinweis darauf, dass auch die Stimme in der Kommunikation ein sehr präziser *Stimmungs*barometer ist. Denn eben nicht nur die Worte sind wichtig, sondern vor allem auch der Tonfall, durch den wir den Worten Gefühle auf den Weg zum Gesprächspartner mitgeben. So sind Emotionen wie Freude, Frust, Enttäuschung, Zuversicht, Sympathie usw. deutlich aus Aussagen herauszuhören.

Interessanterweise spielt es in der Kommunikation somit weniger eine Rolle, *was* wir sagen, sondern viel mehr, *wie* wir es sagen. Und: Das, was wir sagen, muss wiederum immer deutlich und klar verständlich sein, denn bekanntlich hört jeder nur, was er versteht. Und es versteht jeder nur, was er hört.

Dos und Don'ts

 Lebendige Stimme durch Modulation

Genauso wie gute Musik lebt auch eine gute Stimme vor allem von Gefühl und Abwechslung. Da monotoner Gleichklang rasch einschläfernd wirkt, sollten Sie unbedingt mit Ihrer Stimme variieren. Man spricht hierbei von «Modulation», also von der Gestaltung der Sprache. Sprechen Sie mal schneller, mal langsamer, spielen Sie mit der Tonhöhe und der Lautstärke. Durch eine ausgewogene Kombination dieser Möglichkeiten bringen Sie Leben und Farbe in Ihre Stimme.

 Fülllaute aus… äh, äh …merzen

Diese lästigen «Ähs» und «Öhs», die in der Fachsprache beschönigend Verzögerungslaute oder Fülllaute genannt werden, sind eine Krankheit, von der leider nicht wenige befallen sind. Zum Glück gibt es ein bewährtes Mittel, um die leidigen «Ähs» auszurotten. Das Rezept lautet: Pause statt «Äh»! Wenn Sie auf der Suche nach dem treffenden Wort einfach kurz ruhig innehalten, dann wirkt dies ganz natürlich und unspektakulär.

1.5 Überzeugende Körpersprache

Die deutlichste Sprache ist bekanntlich die Körpersprache. Und keine Angst: Man braucht kein Psychologiestudium, um sie richtig lesen zu können, denn so viele Jahre, wie wir auf dem Zähler haben, so viele Jahre Erfahrung haben wir im Lesen und Interpretieren von Körpersprache. Und somit sind es Jahre und Jahrzehnte an Erfahrung, auf die wir zurückgreifen können. Das Entscheidende dabei ist, dass wir bewusst hinschauen, um die Signale, die unser Gegenüber aussendet, auch wirklich wahrzunehmen.

Und in Bezug auf die eigene Körpersprache ist das Erfolgsprinzip ganz simpel: Die beste Körpersprache kommt von selbst aus einer aufgestellten, selbstbewussten inneren Haltung. Wer sich sicher fühlt, positiv ist und eine respektvolle Meinung vom Gegenüber hat, wird das automatisch auch ausstrahlen.

Wer hingegen den unfehlbaren Alleswisser spielen will, hat schon verloren, denn: Mit dem Mund kann man zwar lügen, nicht aber mit dem ganzen Körper. Wer das überprüfen will, kann zu seinem Liebling mit hängenden Schultern und traurigen Augen sagen: «Schatz, ich liebe dich so sehr.»

Kurz zusammengefasst führen folgende Signale zu einer überzeugenden Körpersprache:

— Aufrechte und selbstbewusste Körperhaltung
— Ehrlicher, freundlicher Gesichtsausdruck
— Möglichst häufiger Blickkontakt
— Dynamische Gestik
— Stand mit beiden Beinen fest auf dem Boden

Trotzdem sollte man es bezüglich Gewichtung und Interpretation der Körpersprache nicht übertreiben, denn die Haltung allein hat noch selten zum Ziel geführt. Entscheidend ist immer das Gesamtbild, das ein Mensch abgibt durch seine Körpersprache, sein Äußeres, seine Worte und durch sein Verhalten.

Dos und Don'ts

 Wann besser sitzen als stehen

Natürlich wirkt Stehen beim Reden per se dynamischer und engagierter und passt bei einer größeren Zuhörerschaft sehr gut. Vor einer kleinen Personengruppe – z. B. in einem Meeting – kann es aber auch rasch belehrend oder sogar arrogant wirken, wenn man stehend von oben herab spricht. Hier ist es von Vorteil, auf Augenhöhe zu kommunizieren und somit sitzend zu reden.

 Negative Grundhaltung

Auch wenn man glaubt, eine negative Grundhaltung bezüglich der Situation oder dem Gegenüber verbergen zu können, so verrät uns der Körper eben doch. Hier gilt es, die innere Haltung auf positiv zu switchen. Dann spricht auch der Körper eine sympathische und gewinnende Sprache.

1.6 Erster Eindruck

Für den ersten Eindruck gibt es bekanntlich keine zweite Chance! Und wenn der erste Kontakt gut verläuft, läuft es sehr oft auch nachher ganz rund. Leider gilt auch der Umkehrschluss.

Darum ist es so wichtig, bei jeder Begegnung gleich am Anfang zu punkten. Ob man sich das allererste Mal überhaupt sieht oder ob man sich bereits kennt: Der Augenblick des Zusammentreffens ist ganz entscheidend, denn im allerersten Moment werden die Weichen für die weitere Entwicklung des Gesprächs gestellt. Das Problem dabei: Der erste Eindruck ist schon gemacht, bevor man sich dessen überhaupt bewusst ist.

Zu Beginn einer Begegnung entscheidet jeder sofort für sich, ob einem die andere Seite sympathisch und kompetent erscheint, ob man sie eher als stärker oder schwächer als sich selbst einschätzt usw. Und davon leitet sich wiederum – bewusst oder unbewusst – das eigene Verhalten ab.

Tatsächlich wird der erste Eindruck in Sekundenbruchteilen gefasst. Und selbstverständlich täuschen wir uns bisweilen auch mit dem ersten Eindruck. Doch das kommt eher selten vor. Meistens können wir uns voll und ganz auf unseren Ersten-Eindruck-Scanner verlassen und wir liegen mit unserem allerersten Blitzurteil goldrichtig.

Vergeigt man trotz allen guten Vorsätzen mal den ersten Eindruck, ist es umso wichtiger, nicht die Flinte ins Korn zu werfen und sich in der Folge erst recht um eine starke Wirkung zu bemühen. Es verhält sich in diesem Fall ganz ähnlich wie in der Formel 1: Wer in der ersten Kurve nicht vorne mit dabei ist, kann den Rückstand im Verlauf des Rennens zwar noch aufholen. Es braucht dann unterwegs allerdings noch mehr Anstrengung, Mut und Präzision, um am Ende auf dem Podest zu landen.

Dos und Don'ts

Volle Konzentration bei wichtigen Begegnungen

Ob bei einer Rede, bei einem Vorstellungsgespräch oder bei der Chance, einen potenziellen Kunden durch eine Präsentation für sich zu gewinnen: Der erste Eindruck zählt. Darum ist es sehr wichtig, diesen ersten Moment immer konzentriert, selbstbewusst und aktiv zu gestalten. Und achten Sie dabei auch immer auf eine freundliche und souveräne Ausstrahlung. So haben Sie von Anfang an die Nase vorn.

Überhasteter Start

Wer gestresst ist, macht oft Fehler. Selbst wenn Sie vor einem Treffen oder Einsatz mal knapp dran sind, halten Sie vor dem Zusammentreffen, wenn immer möglich, noch einen Moment inne. Atmen Sie tief durch, damit Ihnen der Start trotzdem gelingt, denn hier gilt: Lieber etwas zu spät und stark, statt pünktlich und schwach.

1.7 Souveräner Blickkontakt

Für jedes Zusammentreffen gilt: Wir begegnen uns immer zuerst mit den Augen. Achten Sie darum in jedem Gespräch – auch in vielleicht unbedeutenden Alltagssituationen – darauf, beim Sprechen geradewegs in die Augen der Gesprächspartner zu blicken. Erstens wirkt das menschlich und sympathisch. Und zweitens gibt es Ihnen die Möglichkeit, in den Augen und der Mimik Ihrer Zuhörer zu lesen, ob und wie Ihre Worte ankommen.

Mangelnder Augenkontakt hingegen lässt schnell den Verdacht auf ungenügendes Selbstbewusstsein und Unsicherheit aufkommen, was im schlimmsten Fall den Anfang vom Scheitern bedeuten kann.

Besonders auf Blickkontakt achten sollte man auch bei Präsentationen, denn natürlich kann auch ein schöner Rücken entzücken. Aber wer beim Halten einer Präsentation selbst auf das projizierte Bild schaut, verliert automatisch den Blickkontakt zu seinen Zuhörenden. Folgen Sie daher Ihrer Präsentation unbedingt auf einem zwischen Ihnen und dem Publikum positionierten Bildschirm.

Und verzichten Sie möglichst auf den Einsatz eines Laserpointers, denn das wirkt immer ein wenig oberlehrerhaft und zudem reißt beim Benutzen des «Laserschwerts» eben auch zwangsläufig der Blickkontakt ab.

Konzentrieren Sie sich bei Ihrer Kommunikation vor allem auch in heiklen Momenten auf gezielten Blickkontakt – zum Beispiel bei Verhandlungen beim Nennen von Preisen oder bei Aufforderungen in Präsentationen. Gerade dann ist die Gefahr nämlich groß, dass man wegschaut und sich dadurch in die unsicheren Karten blicken lässt. Mit selbstbewusstem Blickkontakt hingegen können Sie auch in solchen Situationen auftrumpfen und Überzeugung, Stärke und Entschlossenheit vermitteln.

Dos und Don'ts

Blickkontakt bei größerem Publikum

Schauen Sie auch bei größerem Publikum unbedingt einzelne Zuhörende direkt an. Suchen Sie bewusst Augenkontakt und blicken Sie nicht einfach über die Zuhörenden hinweg. Das fördert Ihr Bewusstsein, dass Sie im Endeffekt zu einer Vielzahl einzelner Menschen sprechen und nicht einfach zu einer unpersönlichen Menschenmasse.

Blickkontakt mit Hypnose verwechseln

Selbstverständlich darf man Blickkontakt niemals mit Hypnose verwechseln! Starren Sie niemanden an, bis es peinlich wird – weder im Gespräch noch vor Publikum, sondern achten Sie gezielt darauf, dass es auch immer mal wieder kurze «Blickkontaktpausen» gibt.

1.8 Dynamische Gestik

Gestik ist, wenn der Körper ein Wörtchen mitzureden hat. Und der Körper möchte in der Kommunikation bekanntlich immer mitreden. Der Gestik kommt dabei besonders großes Gewicht zu, denn Handbewegungen unterstreichen, verstärken, demonstrieren, verdeutlichen, schwächen ab oder betonen. Sprich: Sie verleihen den Worten mehr Gewicht.

Seien Sie daher beim Sprechen großzügig mit Ihren Hand- und Armbewegungen. Gestik wirkt im Allgemeinen belebend und positiv, wenn sich die Arme offen im Bereich zwischen Bauchnabel und Schulter bewegen. Gestik auf Beckenhöhe macht einen scheuen und verklemmten Eindruck. Wer auf der anderen Seite die Arme dauernd in die Höhe reißt, wirkt schnell übertrieben und oft sogar ein wenig lächerlich.

Mit einer aktiven Gestik machen Sie es Ihren Zuhörern leichter, Ihren Worten zu folgen und Sie erhöhen dadurch die Aufmerksamkeit sowie das Verständnis. Wer dagegen kaum Handbewegungen zeigt oder nur bescheidene Gesten zulässt, wird sein Publikum nicht so leicht mitreißen und überzeugen können, weil es hier offensichtlich an Motivation und Begeisterung fürs Präsentierte fehlt.

Trainieren kann man das Sprechen mit den Händen übrigens ganz wunderbar durch das Vortragen von Gedichten. Legen Sie sich dabei so richtig ins Zeug und seien Sie ruhig ein bisschen theatralisch. Machen Sie gleich mal einen Versuch mit folgenden berühmten Zeilen von Johann Wolfgang von Goethe aus seinem Theaterstück «Egmont»:

> *Freudvoll und leidvoll, gedankenvoll sein;*
> *Langen und bangen in schwebender Pein;*
> *Himmelhoch jauchzend, zum Tode betrübt;*
> *Glücklich allein ist die Seele, die liebt.*

Jetzt noch ein Wort zur Vorsicht: Machen Sie keinesfalls den Fehler, gewisse Gesten, die allgemein als negativ bekannt sind, überzubewerten. Wenn eine Hand auch mal kurz in die Hosentasche rutscht oder wenn Sie für einen Moment die Arme verschränken, ist das nicht weiter dramatisch. Gefährlich wird es erst, wenn sich solche Gesten als Dauerzustand einfräsen.

Dos und Don'ts

Ein-Gegenstand-Regel vor Publikum

Statt mit Unterlagen, Kugelschreiber und Presenter in den Händen zu jonglieren, folgen Sie besser folgender Faustregel: Beim Sprechen höchstens *einen* Gegenstand halten und somit eine Hand immer komplett «freistellen». So machen Sie auch vor Publikum einen natürlichen Eindruck.

Spielen mit Kugelschreiber

Beim Sprechen gibt es selten einen Grund, warum man einen Kugelschreiber halten sollte. Legen Sie ihn besser weg, denn er verleitet erfahrungsgemäß dazu, nervös am Knopf herumzudrücken. Und das wird dann sehr mühsam – nicht nur für den Kugelschreiber, sondern vor allem für die Gesprächspartner oder fürs Publikum.

1.9 Reibungsfreier Kommunikationskreislauf

Kommunikation hat immer Konsequenzen. Was gesagt und oft auch gerade, was *nicht* gesagt wird, hat Folgen für die andere Seite. Sie reagiert verbal oder nonverbal. Und auch das führt wiederum zu einer Reaktion. Darum können wir gar nicht *nicht* kommunizieren. Sobald Menschen miteinander in Kontakt treten, interagieren sie. Gewollt oder ungewollt. Bewusst oder unbewusst.

In der Kommunikation geht es oft darum, die andere Seite abzuholen. Doch wie kann man wissen, wo die andere Seite abgeholt werden muss, wenn man gar nicht zuhört, was ihr Standpunkt ist? Was es dabei braucht, ist nicht das oberflächliche Hinhören, sondern das richtige *Zu*hören, um Beweggründe, Motive und Standpunkte zu erfassen, auf die man anschließend aufbauen kann. Denn wenn wir selbst sprechen, wiederholen wir nur, was wir bereits wissen. Doch beim Zuhören lernen wir vielleicht etwas Neues.

Kommunikation ist also ein Hin und Her von Äußerungen und Antworten, von Aktionen und Reaktionen. Das ergibt dann den sogenannten Kommunikationskreislauf. Man spricht dabei auch von der Beziehungsdynamik. Und diese Dynamik kann sich in eine konstruktive oder in eine destruktive Richtung bewegen.

In jeder Beziehung sollte es das Ziel sein, dass sich die Beziehungsdynamik positiv entwickelt. Dabei spielt das Gesagte eine sehr wichtige Rolle. Darauf könnte man sich folgenden Reim machen: Worte zerstören, wo sie nicht hingehören. Aber mehr noch als Worte beeinflusst das Verhalten die Gegenreaktion.

Und so wie ein paar Sandkörnchen im Getriebe schlussendlich den ganzen Motor blockieren, können auch verhältnismäßig kleine, negative Faktoren, die in einer Beziehung permanent als belastend empfunden werden, in einen zerstörerischen Teufelskreis münden.

Lässt man ein Getriebe weiterlaufen, obwohl sich Sand eingeschlichen hat, geht es früher oder später kaputt. Man muss die Maschine stoppen, den Sand restlos herausputzen und erst dann kann es wieder reibungslos weitergehen. So auch in der Kommunikation: Um Negativspiralen aufzubrechen gilt es, die als negativ empfundenen Aspekte zu thematisieren und sauber zu klären. Erst dann kann sich die Situation wieder positiv entwickeln.

Dos und Don'ts

 Störfaktoren mutig ansprechen

Oft fehlt uns der Mut, um in Situationen negative Aspekte, die uns stören, anzusprechen. Stattdessen frisst man Ärger und Frust in sich hinein, was die Beziehung belastet. Fassen Sie sich daher ein Herz und sprechen Sie Dinge, die Sie stören, freundlich, aber direkt an. Nur so kann sich die Chance ergeben, dass sich etwas verändert.

 «Ich-bin-halt-so»-Haltung

Jeder Mensch kann sich entwickeln und negative Tendenzen ablegen. Voraussetzung: Er oder sie *will* das auch tatsächlich. Wer schlechtes Verhalten auf die Gene, das Umfeld oder auf was auch immer zurückführt, kapituliert vor sich selbst. Und sogar eine doofe Kindheit ist noch lange keine Entschuldigung dafür, ein doofer Erwachsener zu sein.

1.10 Spannungen begegnen

«In der Wut verliert der Mensch seine Intelligenz.» Dieser Spruch erklärt, warum sich auch durchaus kluge Menschen manchmal zu sehr dummen Aussagen und Taten hinreißen lassen.

Stößt man in der Kommunikation auf Spannungen, Probleme und Widerstände, gilt es zunächst einmal, unbedingt cool zu bleiben. Mit einem überhitzten Schädel kann man bekanntlich nicht klar denken. Und klares Denkvermögen ist immer die Voraussetzungen, um mit Herausforderungen fertig zu werden. Ein altes Sprichwort besagt: «Wenn du wütend bist, zähle bis Zehn, bevor du sprichst. Wenn du sehr wütend bist, bis Hundert.» Wie weit Sie zählen wollen, bleibt natürlich Ihnen überlassen. Aber ein paar Mal bewusst tief durchzuatmen hilft auf alle Fälle, um mit Worten nicht übers Ziel hinauszuschießen.

Egal, wie die Dinge stehen: Versuchen Sie also zunächst einmal, ruhig, positiv und zuversichtlich zu bleiben. Nur so kann es Ihnen gelingen, den richtigen Ton zu treffen. Bringen Sie nach Möglichkeit Verständnis zum Ausdruck – vielleicht nicht gerade für die Aussagen oder das Verhalten an und für sich, aber für den Standpunkt. Nur schon der Satz «Ich kann verstehen, dass Sie …» bewirkt oft Wunder.

Damit heikle Situationen nicht in einer Sackgasse enden oder um wieder aus Sackgassen herauszufinden, helfen folgende Punkte:

- Cool und positiv bleiben
- Richtig zuhören
- Die andere Seite ernst nehmen und Verständnis zeigen
- Ruhig und sachlich antworten
- Sich wenn nötig entschuldigen

Und seien wir mal ehrlich: Viele heikle Situationen sieht man ja kommen. Wer sich auf solche kritischen Momente einstellt und sich entsprechend vorbereitet, ist gut gerüstet, um souverän und passend zu reagieren, wenn die befürchtete Situation dann tatsächlich eintritt.

Dos und Don'ts

Heikle Aussagen als Ich-Botschaften formulieren

Trainieren Sie sich an, heikle Aussagen wie Kritik oder Einwände als Ich-Botschaften zu formulieren. So vermeiden Sie, dass Ihre Aussagen allzu vorwurfsvoll und negativ klingen, wodurch die Beziehungsebene unnötig belastet wird. Der Satz «Das haben Sie nicht gut gemacht.» umformuliert als Ich-Botschaft «Ich finde das nicht optimal.» klingt viel weniger angriffig. Ich-Botschaften wirken konstruktiver und entspannter, da es sich nicht um absolute Aussagen handelt. Sie geben vielmehr eine persönliche Sicht wieder, die der Empfänger teilen kann oder nicht.

Emotionale Vulkanausbrüche

Einige behaupten, man müsse auch mal ordentlich Dampf ablassen können. Nach einem Vulkanausbruch ist zwar der Druck weg, aber dafür ist im Umfeld alles kaputt. So auch bei einem verbalen Vulkanausbruch: Da müssen zuerst die Spuren des Ausbruchs beseitigt werden, bevor man sich wieder dem eigentlichen Problem zuwenden kann. Darum ist es bestimmt cleverer, sich gleich von Anfang an der Problemlösung zu widmen.

1.11 Ansprechendes Äußeres

«Kleider machen Leute.» Der Dichter Gottfried Keller brachte es mit dem Titel seiner berühmten Novelle exakt auf den Punkt. Warum trägt ein Pilot eine Uniform? Weshalb schlüpft der Bankdirektor in einen Anzug? Und warum präsentiert sich der Künstler in ausgeflippter Kluft? Weil die Kunden oder das Umfeld dies so erwarten.

Auch Ihr Umfeld hat gewisse Erwartungen an Ihre äußere Erscheinung, die es zu erfüllen gilt. Ihre *Zuhörer* sind auch Ihre *Zuschauer*. Man wird daher immer auch Ihre äußere Erscheinung wie Kleidung, Frisur, Rasur usw. beurteilen – bewusst oder unbewusst.

Ihre Businesskleidung sollte sich stets an den folgenden vier Kriterien orientieren:

- Ihrem persönlichen Stil und Ihrem Geschmack,
- der Firma oder Organisation, die Sie vertreten,
- Ihrem Gegenüber oder dem Publikum,
- Ihrer Aufgabe respektive der Situation.

Und bestimmt schadet es nicht, wenn man bei der aktuellen Mode einigermaßen auf dem Laufenden ist, denn wenn schon die Kleidung von vorgestern ist, wird man darauf schließen, dass wohl auch die Worte nicht viel aktueller sind.

Unpassende Kleidung oder ein ungepflegtes Äußeres lenken sehr vom Inhalt ab. Denn natürlich darf man anders denken als seine Zeit. Aber wer sich anders kleidet, landet ganz schnell im Offside. Denken Sie stets daran: Die gesamte Person spricht, nicht nur der Mund! Gute Kleidung kann definitiv für mehr Kompetenz und damit auch für mehr Überzeugungs- und Durchsetzungskraft sorgen.

Dos und Don'ts

Kleidung bei Auftritten vor Publikum

Besonders bei Reden oder bei Präsentationen sollte man immer ein wenig besser gekleidet sein als das Publikum. Dadurch wirkt man nicht nur kompetent, sondern man zeigt auch Wertschätzung für die Zuhörenden. Und je größer das Publikum, desto wichtiger ist dieser Punkt.

Modische Todsünden

Verzichten Sie im Business unbedingt auf Kurzarmhemden, auf Schlüsselbund oder Handy in der Hosentasche, auf freizügige Offenheit, auf zu kurze Socken, die nacktes Bein hervorblitzen lassen, auf Sandalen jeglicher Art, auf grelle Farben, auf altmodische oder ungepflegte Kleidung oder auch auf zu viel Schmuck, da solche Stilsünden von Ihren Worten ablenken und die Kompetenz unterwandern.

1.12 Videokonferenzen und Telefongespräche

Grundsätzlich gelten bei Videokonferenzen oder bei Telefongesprächen die gleichen Regeln wie bei direkten Face-to-Face-Meetings. Achten Sie somit auch hier stets auf eine freundliche, gewinnende und professionelle Haltung.

Bei Videokonferenzen helfen Ihnen die folgenden Tipps dabei, das Optimum herauszuholen:

1. Verwenden Sie eine Kamera und ein Mikrofon, die hohen Qualitätsansprüchen genügen. So wirken Sie klar und deutlich und damit automatisch auch kompetenter.
2. Positionieren Sie die Kamera auf Augenhöhe (also weder zu hoch noch zu tief), so dass Sie bequem in die Kameralinse blicken können.
3. Wenn Sie mit Kopfhörern arbeiten, dann mit möglichst unauffälligen sogenannten In-Ear-Kopfhörern, damit Sie nicht wie die Leitung der Flugsicherung oder gar wie Mickey Mouse aussehen.
4. Achten Sie auf eine optimale Beleuchtung und auf einen professionellen, ruhigen Hintergrund.
5. Sitzen Sie ruhig vor der Kamera. Auf einem Bildschirm wirken ausladende und schnelle Bewegungen unseriös und teilweise sogar aggressiv.
6. Blicken Sie beim Sprechen direkt in die Kamera. So simulieren Sie Blickkontakt und Sie wirken gewinnend und überzeugend.
7. Reden Sie bewusst klar und deutlich, nicht zu schnell und direkt ins Mikrofon, damit man Sie trotz technischer Übertragung gut versteht.
8. Sorgen Sie dafür, dass virtuelle Meetings nicht zu lange dauern. 30 bis 45 Minuten sind ideal, was die Konzentration der Teilnehmenden angeht. Und sollte es länger dauern, planen Sie spätestens nach 45 Minuten eine Pause ein, damit nachher wieder alle konzentriert dabei sind.
9. Die Versuchung durch E-Mails, Instant-Messaging und Push-Nachrichten ist stark und der Wille ist schwach ... Gehen Sie mit gutem Beispiel voran und versuchen Sie unbedingt, dem Drang nach Ablenkung während Videokonferenzen zu widerstehen.
10. Achten Sie darauf, dass Dateien beim Teilen des Bildschirms mit den anderen Teilnehmenden effektiv an der richtigen Stelle bereitstehen. Teilen Sie den Bildschirm nur so lang wie nötig und kehren Sie dann wieder zur normalen Kameraansicht zurück, da dies die Interaktion erleichtert.

Dos und Don'ts

Technik-Versklavung statt Versklavung durch Technik

Technische Tools sollten immer Sklaven der Menschen sein, die sie bedienen und nicht umgekehrt. Machen Sie sich daher mit Programmen für virtuelle Meetings gut vertraut, damit Sie diese optimal bedienen können. Das gibt Ihnen Sicherheit, Sie sind professioneller und entspannter unterwegs und erreichen so bessere Resultate.

Sich telefonisch «überfallen» lassen

Das Telefon klingelt, man hebt ab und befindet sich nach wenigen Sätzen unversehens mitten in einer hitzigen Diskussion. Lassen Sie sich nie auf dem falschen Fuß erwischen, indem Sie sich unvorbereitet in eine wichtige Besprechung oder gar in eine Verhandlung hineinziehen lassen. Bei Telefonanrufen ist das schnell passiert. Sprechen Sie nur über wichtige Themen, nachdem Sie Ihre Ziele definiert und Ihre Argumente zusammengetragen haben. Bestehen Sie daher immer darauf zurückzurufen, wenn Sie merken, dass es sich beim Anruf um einen telefonischen «Überfall» handelt.

1.13 Zusammenfassung: 10 Erfolgsregeln für die Kommunikation

Die folgenden 10 Regeln bringen Sie in der Kommunikation zum Erfolg:

1. Pflegen Sie eine zuversichtliche, positive und sympathische Grundhaltung.
2. Glauben Sie immer an sich und an Ihren Erfolg.
3. Versuchen Sie nicht, es immer allen recht zu machen.
4. Investieren Sie in die Beziehungen zu Ihren Gesprächspartnern, statt sich nur auf die Zahlen, Daten und Fakten zu konzentrieren.
5. Achten Sie auf eine aufrechte, selbstbewusste Körperhaltung.
6. Am Anfang einer Begegnung gilt volle Konzentration für einen guten, ersten Eindruck.
7. Schauen Sie Ihrem Gegenüber beim Sprechen direkt in die Augen – speziell auch in heiklen Momenten, denn das wirkt stark und selbstbewusst.
8. Was auch immer passieren mag: Bleiben Sie cool und beherrscht und lassen Sie keine emotionalen Vulkanausbrüche zu.
9. Formulieren Sie heikle Aussagen wie Kritik oder Einwände als Ich-Botschaften, um weniger vorwurfsvoll oder angriffig zu klingen.
10. Kleiden Sie sich immer zum Anlass und zur Situation passend, denn Kleider machen Leute.

> **MERKE:**
> Für den Erfolg in der Kommunikation ist ein selbstbewusstes, sympathisches und zuversichtliches Auftreten viel wichtiger als die perfekten Worte.

2 Verhandlungstechnik

«Im Business kriegst du nicht, was du verdienst, sondern was du verhandelst.»[4] Mit dieser Feststellung eines amerikanischen Trainers ist schon sehr viel zur Verhandlungstechnik gesagt. Verhandlungsresultate müssen nämlich weder zwangsläufig logisch sein, noch ergeben sie sich einfach so. Sie sind vielmehr das Ergebnis von geschickter Taktik und Cleverness.

Und klar: Sach- und Fachwissen ist wichtig, um gute Resultate zu erzielen. Aber noch wichtiger ist Menschenkenntnis, denn schließlich verhandeln Sie immer mit Menschen. Also ist es matchentscheidend zu wissen, wie Menschen ticken, was sie anzieht und vor allem: was sie abstößt.

Tatsächlich gibt es keine praktische Verhandlungsformel, die den Erfolg in jeder x-beliebigen Verhandlungssituation garantiert. Verhandeln ist vielmehr ein Prinzip, das ganzheitlich erfasst und individuell auf jede Verhandlungssituation angepasst werden muss.

Und auch wenn einige mit dem SABTA-Prinzip (= Sicheres Auftreten Bei Totaler Ahnungslosigkeit) in Verhandlungen immer wieder erstaunliche Erfolge erreichen, wollen Sie nebst dem sicheren Auftreten bestimmt auch mit sachlicher Tiefe und mit einer guten Strategie punkten. Und Sie benötigen ein realistisches Ziel, denn es lohnt sich nicht, für etwas zu kämpfen, was nicht erreichbar ist. Verhandlungen in Luftschlössern können nur scheitern.

Noch etwas ist sehr wichtig: In einer Welt, in der manche für sich herausnehmen, rücksichtslos und egoistisch zu handeln, kann *jeder* in seinem Handlungsspielraum einen Gegenpol setzen. Niemand wird gezwungen, unfair zu (ver)handeln. Selbstverständlich darf und soll man in Verhandlungen souverän und auch mit einer gewissen Härte auftreten. Doch jeder kann für sich selbst entscheiden, ob er dabei auch fair und korrekt bleiben will.

In diesem Sinne: *fair*handeln Sie gut, denn eine Verhandlung ist kein Duell, sondern ein Puzzle, das es gemeinsam zu lösen gilt.

---

[4] «In Business As In Life – You Don't Get What You Deserve, You Get What You Negotiate», Chester L. Karrass, Stanford Street Press, 1996, ISBN 978-0-9884049-3-9

2.1 Offensiv vs. defensiv

Hätte William Shakespeare einen Verhandlungsratgeber geschrieben, hätte er es vielleicht wie folgt gesagt: «Offensiv oder defensiv, das ist hier die Frage.» Denn genau das ist wohl die wichtigste Frage, die man sich vor einer Verhandlung stellen muss, also ob man selbst den ersten Schritt machen will oder ob man dies der anderen Seite überlässt.

Auch bei Verhandlungen gilt die simple Fußball-Binsenwahrheit: Wer keine Tore schießt, kann nicht gewinnen. Wem es jedoch gelingt, von Anfang an offensiv zu verhandeln und seine Argumente sicher zu platzieren, hat gute Chancen, seine Ziele auch tatsächlich zu erreichen. Ganz konkret bedeutet das zum Beispiel, bei einer Preisverhandlung das Startgebot zu nennen, bevor es der Gesprächspartner tut.

Nur wenn Sie unsicher sind oder nicht über genügend Informationen über den Gegenstand der Verhandlung oder über den Verhandlungspartner verfügen, sollten Sie defensiv in die Verhandlung einsteigen und den ersten Zug der anderen Seite überlassen. Ansonsten «ankern» Sie, wenn immer möglich, indem Sie offensiv den ersten Vorschlag platzieren. Auf diese Weise geben Sie in der Verhandlung den Takt an und haben das Heft in der Hand.

Wer beim Fußball mit abwartender Angsthasen-Taktik einfach nur versucht, seine Position defensiv zu verteidigen, kann kaum Tore schießen. Im Gegenteil: Ein kleiner Fehler in der Verteidigung und schon zappelt der Ball im eigenen Netz. Wem es hingegen gelingt, das Spiel in die gegnerische Platzhälfte zu verlagern, hat beste Chancen, Tore zu schießen und das Spiel zu gewinnen.

Ein guter Verhandler gleicht daher eher einem Stürmer als einem Verteidiger, denn schließlich steckt im Ver*handeln* das *Handeln* und nicht das *Abwarten*.

Dos und Don'ts

Offensive Taktik vom allerersten Moment an

Offensives Verhandeln beginnt schon vor der eigentlichen Verhandlung. Es gilt, vom allerersten Moment an einen starken Eindruck zu vermitteln. Bereits bei der Begrüßung und beim Smalltalk sollte man dem Gespräch den eigenen Stempel aufdrücken, um Raum einzunehmen und anschließend mit Schwung offensiv in die eigentliche Verhandlung einsteigen zu können.

Basar-Mentalität

Auf dem orientalischen Basar ist das erste Angebot ein Fantasiepreis. Davon gehen dort allerdings beide Verhandlungsparteien aus. In unserem Kulturkreis bewegen wir uns bei Verhandlungen innerhalb von anderen allgemein anerkannten Leitplanken und Regeln. Das Anfangsgebot darf ambitioniert sein. Es muss allerdings unbedingt auch immer realistisch und logisch erscheinen, sonst gibt man sich der Lächerlichkeit preis.

2.2 Verhandlungszone ausloten

Verhandlungen sind immer ein Nehmen *und* ein Geben. Wer nur Zugeständnisse von der anderen Seite fordert, aber selbst nichts zu bieten hat, ist entweder naiv oder ein Diktator. Beides bringt langfristig keinen Erfolg.

Manch einer hat durch sein forsches Verhalten und durch ein breitbeiniges Auftreten zwar eine Verhandlung gewonnen, hat dabei allerdings den Verhandlungspartner verloren. Darum muss ein Verhandlungserfolg immer anhand von folgenden drei Kriterien gemessen werden:

1. Effektivität = das eigentliche Resultat.
2. Effizienz = die Investition an Zeit und Aufwand zum Erreichen des Resultats.
3. Verhandlungsklima = die Qualität der Beziehung.

Gerade bei langfristigen Abhängigkeiten ist es entscheidend, dass sich Verhandlungen nicht belastend auf die Beziehung auswirken. Dabei sollen die Grenzen auf der Sachebene durchaus hart ausgelotet werden. Auf der Beziehungsebene darf der Ton aber trotzdem niemals scharf werden. Vertrauen ist bei Verhandlungen ein ebenso wertvolles wie zerbrechliches Gut, das nur langsam aufgebaut und leider rasch zerstört werden kann.

Technisch gesehen bilden die Vorstellungen von beiden Seiten die Voraussetzung für einen potenziellen Verhandlungsabschluss. Oder eben auch nicht. Die sogenannte Verhandlungszone der möglichen Übereinkunft ergibt sich aus dem Maximal- und dem Minimalziel der einen Seite und aus dem Maximal- und dem Minimalziel der anderen Seite. Ergeben diese beiden Bereiche keine Überschneidung, kann man bis in alle Ewigkeit verhandeln – es wird nie zu einem Abschluss kommen. Bei einer Überschneidung bildet sich eine Verhandlungszone und es ist abhängig vom Geschick der einzelnen Verhandlungsparteien, inwieweit sie diese Verhandlungszone für sich ausreizen, also wo genau in dieser Zone das Resultat zustande kommt.

Eine große Schwierigkeit ist dabei, dass man auch nach der Verhandlung nur die eigenen Limits kennt. Selbst wenn die Gegenseite geäußert hat, wie weit sie zu gehen bereit ist, hat man nie die absolute Gewissheit, dass diese Aussage auch tatsächlich stimmt. Doch Gespür und vor allem auch Erfahrung helfen, Verhandlungsresultate richtig einzuordnen.

Dos und Don'ts

Einschätzen der Verhandlungszone

Definieren Sie bei der Verhandlungsvorbereitung immer Ihr Maximal- und Ihr Minimalziel. Dann überlegen Sie sich, wo wohl das Maximal- und das Minimalziel bei der Gegenseite liegen könnte. Nun wissen Sie in etwa, wie groß die Verhandlungszone ist und können davon ausgehend die weitere Vorbereitung in Angriff nehmen.

Emotionale Absage

Zusagen in Verhandlungen sind stark abhängig vom Gefühl, das man im Moment empfindet. Daher hat manch einer schon ein an sich passables Angebot zurückgewiesen, weil es in einer negativen Atmosphäre entstanden ist. Gute Vorbereitung und das Halten an die eigenen Vorgaben hilft, Angebote anzunehmen, die in einer schlechten Stimmung entstehen, aber die doch innerhalb des eigenen Minimal- und Maximalziels liegen.

2.3 Überzeugende Argumentation

Der Argumentation fällt bei Verhandlungen großes Gewicht zu. Der Begriff Argument stammt vom lateinischen Wort *argumentum*, das früher für ein Beweismittel vor Gericht stand. Ein solches Beweismittel wurde also vorgebracht, um einen Richter oder eine Jury zu überzeugen. Und dabei wird sofort klar: Ein Argument muss nicht nur einen selbst, sondern vor allem die *andere* Seite überzeugen.

Also geht es bei der Argumentation in Verhandlungen prinzipiell darum, dem Verhandlungspartner zu *beweisen*, dass ein Vorschlag praktikabel und sinnvoll ist.

Henry Ford sagte dazu Folgendes: «Wenn es ein Geheimnis des Erfolgs gibt, dann ist es die Fähigkeit, den Standpunkt des anderen zu erkennen und die Dinge von seinem Blickwinkel aus zu betrachten.»[5] Genau das ist der zentrale Punkt beim Argumentieren: Dinge aus der Sicht des Verhandlungspartners zu betrachten und entsprechend vorteilhaft zu formulieren.

Tatsächlich ist es ein häufiger Fehler bei Verhandlungen, dass Argumente für die Gegenseite entweder nicht nachvollziehbar sind oder dass sie nicht genügend attraktiv «verkauft» werden. Die größte Kunst des Argumentierens besteht somit darin, der Gegenseite Argumente zu präsentieren, die ihr *nützen*. Dabei spricht man auch von der sogenannten *Nutzen*argumentation. Diesem Prinzip folgt auch die Werbung, die für potenzielle Kunden die Vorteile herausstreicht.

Machen Sie es ebenso: Sprechen Sie zuerst von attraktiven Vorteilen für die Gegenseite. Rücken Sie das ins Zentrum, was für das Gegenüber bei dem Deal herausspringt und kommen Sie erst dann auf Preise oder Forderungen zu sprechen. Machen Sie durch diese Argumentationstaktik bei Ihren Verhandlungen beste Werbung für Ihre Vorschläge.

---

[5] «Quotations of Henry Ford», Applewood Books, 2006, ISBN 978-1557099488

Dos und Don'ts

Negative Aspekte nicht verstecken

Warten Sie nicht, bis die Gegenseite für sie negative Punkte Ihres Vorschlags vorbringt. Sprechen Sie solche offensichtlichen Nachteile von sich aus an und verknüpfen Sie diese elegant mit Vorteilen für die andere Seite. Das schafft Vertrauen und fördert das Miteinander statt das Gegeneinander.

Good-Cop-/Bad-Cop-**Taktik**

Warum funktioniert diese Taktik in Krimis immer so gut? Ganz einfach: Weil es dort ein Drehbuch gibt und sich alle daran halten. Bei einer Verhandlung gibt es jedoch kein verbindliches Drehbuch. Und eine Verhandlung ist auch kein Verhör. Da die *Good-Cop-/Bad-Cop*-Taktik meist recht offensichtlich ist, wird sie von einer gewieften Gegenseite rasch durchschaut und ihrerseits ausgenutzt, indem man nur noch mit dem *Good Cop* diskutiert und den *Bad Cop* aus dem Gespräch drängt. Verzichten Sie darum auf solche Spielchen. Sie wirken nicht nur ziemlich lächerlich, sondern belasten auch noch die Beziehung.

2.4 Passender Verhandlungsstil

Wir sind, wie wir sind. Aufgrund der Gene und der Erziehung sowie aufgrund der gemachten Erfahrungen zeichnet sich jeder Mensch durch eine typische Art zu kommunizieren aus und diese Eigenart wirkt sich natürlich auch auf unser Verhalten bei Verhandlungen aus.

Bei Verhandlungen sind zwei hauptsächliche Stile zu beobachten. Und um es gleich vorwegzunehmen: Keiner der beiden Stile ist richtig oder falsch. Abhängig von der Situation kann jeweils der eine oder der andere Stil vorteilhafter und effektiver sein.

Der kompetitive oder harte Verhandlungsstil ist ausgerichtet auf Sieg. Es geht darum, die eigene Position möglichst komplett durchzusetzen. Dieser Typ macht wenig bis überhaupt keine Zugeständnisse, fordert diese aber umso mehr von der Gegenseite. Kompetitive Verhandler sind hart auf der Sach- und auf der Beziehungsebene.

Auf der anderen Seite zeichnet sich der kooperative oder weiche Verhandlungsstil durch eine grundsätzliche Kompromissbereitschaft aus. Dieser Typ will unbedingt eine gute Beziehung aufrechterhalten und gibt deshalb bei Druck rasch nach. Kooperative Verhandler sind weich auf der Sach- und auf der Beziehungsebene.

Natürlich passt jeder seinen Stil und seine Taktik ein Stück weit der Situation an. Doch die Hauptausprägung bleibt stets ersichtlich. Und eben: Beide Stile bringen je nach Situation Vor- oder Nachteile mit sich. Darum gilt es, sie vernünftig zu vereinen, und zwar wie folgt: Weich zu den Menschen und hart in der Sache verhandeln. Dieses Vorgehen bringt erfahrungsgemäß die besten Ergebnisse. Allerdings ist es dabei wichtig, immer *zuerst* die Beziehungsebene zu festigen, bevor man eine Sache hart verhandeln kann. Nur so besteht die Chance, dass der Verhandlungspartner eine vernünftige Härte akzeptiert.

Im Idealfall sind die Verhandler weder Gegner noch Freunde, sondern partnerschaftliche Problemlöser, die der gemeinsamen Herausforderung gegenüberstehen, eine für beide Seiten akzeptable Lösung zu finden.

Also: Wir sind, wie wir sind. Aber wir können auch so werden, wie wir werden müssen, um bei Verhandlungen die besten Resultate zu erreichen.

Dos und Don'ts

 Gemeinsame Interessenfindung

Hinter jeder Position steht ein Interesse oder Motiv. Bei Positionsverhandlungen steht man sich rasch im Schützengraben gegenüber und kann weder vor noch zurück. Anstatt also um Positionen zu kämpfen, sollte man bei Verhandlungen immer die Interessen hinter den Positionen ergründen und dann im Bereich der gemeinsamen Interessen Lösungen suchen. Sagt Ihr Gegenüber beispielsweise «Das geht nicht.», fragen Sie nach dem *Warum*. So erfahren Sie etwas über die Interessen hinter dieser Position und können lösungsorientiert weiterverhandeln.

 Immer die gleiche Taktik anwenden

Viele verhandeln immer nach dem genau gleichen Muster. Passen Sie Ihre Taktik aber stets der Situation an. Was bei einer Verhandlung goldrichtig ist, ist bei der nächsten vielleicht kreuzfalsch. Und seien Sie flexibel – auch was Lösungen anbelangt, die im ersten Moment komisch erscheinen mögen. Denken Sie dabei an die Aussage von Albert Einstein: «Wenn eine Idee nicht zuerst absurd erscheint, taugt sie nichts.»[6]

---

[6] «The Ultimate Quotable Einstein», Princeton University Press, Princeton, 2010, ISBN 978-0691160146

2.5 Präzise Vorbereitung

Überspitzt könnte man sagen: Wer sich nicht vorbereitet, bereitet sein Scheitern vor. Tatsächlich ist die Vorbereitung bei Verhandlungen ein sehr entscheidender Erfolgsfaktor, dem leider oft zu wenig Beachtung geschenkt wird, sei es aus Zeitmangel oder – schlimmer noch – aufgrund von Selbstüberschätzung.

Prinzipiell ist jede Verhandlung wegen des Inhalts, des Zeitpunkts und der beteiligten Parteien einmalig. Deshalb ist es auch nötig, jede Verhandlung individuell vorzubereiten. Dabei hilft das im folgenden Kapitel vorgestellte Vorbereitungsschema. Dieses muss logischerweise nicht bei jeder nebensächlichen Verhandlung von A bis Z durchgegangen werden. Aber bei wichtigen Verhandlungen empfiehlt sich eine möglichst detaillierte Vorbereitung anhand dieses Schemas.

Bei einer gewissenhaften Verhandlungsvorbereitung müssen mindestens folgende Fragen beantwortet werden:

- Wie ist das grundsätzliche Verhältnis zwischen den beiden Parteien?
- Wie kann ich zu Beginn in die Beziehungsebene investieren?
- Welches ist mein Maximal- und welches mein Minimalziel?
- Wie sehen das Maximal- und das Minimalziel der Gegenseite schätzungsweise aus?
- Verfolge ich eine offensive oder eine defensive Taktik?
- Welche Argumente kann ich vorbringen?
- Welche Argumente wird die Gegenseite schätzungsweise vorbringen?
- Welche Zugeständnisse kann ich machen?
- Habe ich Alternativen oder muss die Verhandlung mit einem Abschluss enden?
- Welche Stolpersteine lauern während der Verhandlung?

Das letzte Puzzle-Teil einer gewissenhaften Verhandlungsvorbereitung ist das Justieren der eigenen Einstellung. Erfolgreiche Verhandler sind grundsätzlich positiv eingestellt und motiviert. Sie sind davon überzeugt, dass sie ein gutes Resultat erzielen werden – auch, weil sie die PaMuHuSch-Formel konsequent anwenden, und stets passioniert, mutig, humorvoll und schlagfertig auftreten.

Dos und Don'ts

Verhandlungssimulation

Wichtige oder schwierige Verhandlungen sollten nach der Vorbereitung im eigenen Team simuliert werden. Das fördert oft Punkte zu Tage, an die man noch nicht gedacht hat und bringt damit den nötigen Feinschliff für die eigene Taktik.

Negativer Einstieg

Egal, wie die Dinge liegen: Starten Sie *nie* negativ! Steigen Sie *immer* mit einem positiven Aspekt in Verhandlungen ein. Das wird helfen, die Beziehungsebene zu festigen, was stets hilfreich ist. Selbst bei einer Krisenverhandlung sollte man am Anfang z. B. für die Möglichkeit danken, nochmals über eine Sache sprechen zu können und dabei Zuversicht zum Ausdruck bringen. Das ergibt gleich eine ganz andere Atmosphäre, als wenn man in die Verhandlung einfährt wie ein Sondereinsatzkommando.

2.6 Praktisches Vorbereitungsschema

Besonders bei wichtigen Verhandlungen lohnt es sich, das folgende Vorbereitungsschema Punkt für Punkt durchzugehen und auszufüllen, dann sind Sie ideal gerüstet. Grundsätzlich erlebt man in Verhandlungen nämlich relativ wenig Überraschungen – vorausgesetzt eben, man ist optimal vorbereitet.

Im Anhang dieses Ratgebers finden Sie übrigens ein leeres Vorbereitungsschema, das Sie für die Vorbereitung von Ihren Verhandlungen nutzen können.

Ausgangslage			
Zuerst gilt es, sich einen Überblick über die Ausgangslage zu verschaffen.			
Verhandlungssache:	Worum geht es für mich? Was will ich grundsätzlich erreichen?		
Verhandlungspartner:	Wer ist die Gegenseite?		
Beziehungsart:	☐ gut	☐ neutral	☐ Konflikt
Charakter Verhandlungspartner:	Wie tickt die andere Seite?		
Besonderheiten:	Was ist sonst noch wichtig zu wissen über den/die Verhandlungspartner?		
Hat Verhandlungspartner Entscheidungskompetenz:			
	☐ ja	☐ nein	☐ unklar
Einstellung von Verhandlungspartner zu mir/uns:			
	☐ positiv	☐ neutral	☐ negativ
Einstellung von Verhandlungspartner zu meiner Firma/Organisation:			
	☐ positiv	☐ neutral	☐ negativ
Einstellung von Verhandlungspartner zur Verhandlungssache:			
	☐ positiv	☐ neutral	☐ negativ
Einstieg			
Wichtig hier: Bereits beim Einstieg sollte die Gesprächsführung erobert werden, um der Verhandlung von Anfang an den eigenen Stempel aufzudrücken.			
Smalltalk-Themen:	Wie will ich das Gespräch eröffnen und welche allgemeinen Themen kann ich am Anfang aufgreifen?		

Praktisches Vorbereitungsschema

Ziele	
Hier folgt die exakte Zieljustierung in Bezug auf alle Verhandlungsbereiche wie z. B. Preis, Lieferkonditionen, Zahlungskonditionen, Termine usw. Auch das Abschätzen der potenziellen Ziele des Verhandlungspartners ist wichtig, um die Verhandlungszone im Voraus möglichst genau ausloten zu können.	
Maximalziel:	Was kann ich im bestmöglichen Fall (realistischerweise) erreichen?
Minimalziel:	Was muss ich mindestens erreichen?
Maximalziel Verhandlungspartner:	Was ist schätzungsweise das Maximalziel, das der Verhandlungspartner erreichen will?
Minimalziel Verhandlungspartner:	Was ist schätzungsweise das Minimalziel, das der Verhandlungspartner erreichen muss?
Interessen	
Die eigenen Interessen und die Interessen des Verhandlungspartners werden ausgelotet.	
Meine Interessen/ Bedürfnisse:	Was ist mir (besonders) wichtig?
Interessen/Bedürfnisse Verhandlungspartner:	Was ist dem Verhandlungspartner schätzungsweise (besonders) wichtig?
Taktische Mittel	
Wichtige Entscheidungen zur Taktik werden getroffen.	
Erstvorschlag:	☐ offensiv ☐ defensiv
	Defensiv abzuwarten macht meist nur Sinn, wenn man sich seiner Sache nicht sicher ist oder wenn man überhaupt nicht weiß, was der Verhandlungspartner anbieten könnte. Ansonsten ist es empfehlenswert, selbst den ersten Vorschlag zu machen und so offensiv zu «ankern».
Argumente:	Welche Argumente erwähne ich, die auf den Verhandlungspartner überzeugend wirken?
Mögliche Zugeständnisse:	Wie kann ich (wenn nötig) dem Verhandlungspartner (Schritt für Schritt) entgegenkommen?

Alternativen	
Allfällige Alternativen werden geprüft.	
Alternative(n):	Gibt es realistische Alternativen, sofern die Verhandlung zu keinem Ziel führt, wie z. B. Vertagen oder Verhandlungen mit anderen Parteien?
Exit-Point:	An welchem Punkt breche ich die Verhandlung (mindestens für den Moment) ab? Üblicherweise geschieht dies, wenn das Minimalziel nicht erreicht werden kann.
Potenzial	
Wichtig ist es auch, über die aktuelle Verhandlungssituation hinauszudenken, um allfällige weitere, gemeinsamen Chancen zu erkennen.	
Zusätzliches Potenzial:	Welches zusätzliche Potenzial könnte sich mit dem Verhandlungspartner ergeben, das in der Verhandlung angesprochen und genutzt werden kann?
Strategie	
Schließlich wird alles zu einer detaillierten Strategie zusammengeführt. Erstellen Sie aufgrund der vorbereiteten Punkte ein genaues Drehbuch, das es in der Verhandlung dann natürlich möglichst souverän umzusetzen gilt.	
Meine Strategie:	Wie gehe ich exakt vor? In welcher Reihenfolge platziere ich meine Argumente und Forderungen? Wie gestalte ich das allenfalls nötige Entgegenkommen? Wie gestalte ich einen möglichen Verhandlungsunterbruch oder gar -abbruch, wenn ich das Minimalziel nicht erreiche?
Mögliche Stolpersteine:	Worauf muss ich speziell achten? Was könnte ich übersehen haben? Was wäre heikel?

Die Zeit, die man nach einer missratenen Verhandlung aufwendet, um sich aufzuregen und die Dinge doch noch einigermassen ins Lot zu bringen, investiert man viel besser in eine detaillierte Vorbereitung anhand dieses Vorbereitungsschemas. Das bringt gute Resultate und man spart im Endeffekt erst noch Zeit.

Dos und Don'ts

Bezugnahme auf Gesamtsituation zum Einstieg

Vielen fällt es schwer, das Gespräch ganz am Anfang einer Verhandlung zu eröffnen, weil sie scheinbar kein passendes Thema dazu finden. Dabei hilft der erste Block «Ausgangslage» aus dem Schema: Hier finden Sie Grundlagen für einen aktiven Einstieg. Zum Beispiel kann man nur schon die gute bisherige Beziehung lobend erwähnen. Und bereits hat man einen positiven Einstieg gefunden und ist auf Kurs.

Unrealistische Alternative

Eine unrealistische Alternative ist nichts anderes als eine schimmernde Seifenblase: Sie zieht kurz den Blick auf sich – und platzt dann unversehens. Eine Alternative ist nur dann ein brauchbares Argument, wenn man bereit ist, sie auch tatsächlich zu wählen. Ansonsten erweist sie sich nur als billiger Bluff und der Effekt platzt wie eine Seifenblase.

2.7 Aktiver Einstieg

Wie schon mehrfach betont, beginnt die Verhandlung nicht mit dem ersten Wort zur eigentlichen Verhandlungssache, sondern bereits im allerersten Moment des Zusammentreffens. Am Anfang werden zügig die entscheidenden Weichen gestellt, denn bewusst oder unbewusst wird in dieser Phase die Wirkung und die Stärke des Gegenübers gemessen und mit dem eigenen Selbstvertrauen verglichen. Genau darum werden bei Verhandlungen vielfach nicht unbedingt logische Resultate erzielt, die sich aus der Sachlage ergeben, sondern die Resultate ergeben sich aufgrund des Abgleichs des Kräfteverhältnisses und des Selbstbewusstseins der beiden involvierten Parteien.

Vor dem direkten Zusammentreffen lohnt es sich daher immer, einen Moment innezuhalten und sich mental optimal auf den ersten Moment einzustimmen. Bekanntlich gibt es für den ersten Eindruck keine zweite Chance.

Dann heißt es: Lächeln und los und bereits bei der Begrüßung mit einem selbstbewussten Auftreten überzeugende Stärke ausstrahlen. Und nicht vergessen: Tadellose Umgangsformen sind immer wichtig, doch in der Einstiegsphase einer Verhandlung sind sie besonders wichtig, um erfolgreich zu punkten.

Entscheidend ist zudem, bereits in dieser ersten Phase das Gespräch zu *führen*. Statt das Feld bequem der Gegenseite zu überlassen, sollten Sie hier grundsätzlich offensiv agieren, den Smalltalk bestimmen und allgemeine Themen anreißen. Mit guter Vorbereitung wird das bestimmt prima klappen.

Wer also darauf achtet, vom ersten Moment an einen souveränen, selbstsicheren und interessierten Eindruck zu erwecken, positioniert sich optimal für die spätere inhaltliche Verhandlung. Tatsächlich ist eine positive Außenwirkung bei Verhandlungen in den ersten Momenten des Zusammentreffens oft der Türöffner für den Erfolg.

Allerdings darf man sich auch nicht zu lange im Smalltalk verlieren. Hat man die Gesprächshoheit elegant erobert, gilt es, wiederum die Initiative zu ergreifen und gezielt zur eigentlichen Verhandlung überzuleiten.

Dos und Don'ts

Raum-Scan für Einstieg

Für einen guten Einstieg auf fremdem Terrain gibt es den altbewährten Verkäufertrick, den Raum zu scannen und Bilder, Gegenstände, die Aussicht oder was auch immer man entdeckt, in den Einstieg einzuflechten. Und denken Sie dabei immer daran: Es ist nicht so wichtig, *was* man in der Anfangsphase sagt, sondern es ist entscheidend, *dass* man etwas sagt.

Passive Einstiegshaltung

Wer am Anfang einer Verhandlung passiv ist, bleibt es oft bis zum Schluss. Selbst wenn man sich aus taktischen Gründen dazu entscheidet, bei der effektiven Verhandlung defensiv zu agieren, ist es beim Smalltalk trotzdem sehr wichtig, aktiv und offensiv dabei zu sein und hier durchaus die Initiative zu ergreifen. Sonst kann es schnell passieren, dass man zum Spielball der Gegenpartei wird.

2.8 Starke Verhandlungsphase

Die Verhandlungsphase ist das Zentrum jeder Verhandlung. Hier geht es ums Eingemachte, denn da findet die eigentliche Verhandlung statt. Diese Phase kann je nach Umständen sehr kurz sein oder sie kann sich auch lange hinziehen. Je besser die beiden Parteien vorbereitet sind, desto schneller hat man sich in der Regel geeinigt.

Natürlich gilt: Ein sauber vorbereiteter Verhandlungsplan ist die Grundvoraussetzung für eine starke Verhandlungsphase. Die große Herausforderung bei Verhandlungen liegt allerdings auch darin, trotz des eigenen, klar definierten Plans die nötige Flexibilität zu bewahren, um Situationen spontan richtig zu lesen, zu beurteilen und entsprechend darauf zu reagieren. Und vor allem auch, um mit Unvorhergesehenem und Überraschungen klar zu kommen. *Expect the unexpected* – erwarte das Unerwartete. Diese Haltung ist bei Verhandlungen generell immer angebracht.

Grundsätzlich ist es in der zentralen Phase wichtig, den Takt vorzugeben, klare Forderung offensiv zu platzieren und die Gegenseite durch seine Argumente zu überzeugen. Und selbst wenn hier durchaus mal mit harten Bandagen gekämpft wird, sollten Respekt und Fairness – wie immer im Leben – selbstverständlich sein.

In dieser Phase ist es einerseits bedeutend, dem Gespräch durch geschickte Führung den Stempel aufzudrücken. Es ist aber auch entscheidend, dem Gegenüber im richtigen Moment konzentriert zuzuhören und dabei zu versuchen, seine Sicht zu verstehen. Nur so können die Interessen hinter der Position des Verhandlungspartners erkannt und geschickt mit den eigenen Zielen verknüpft werden.

Speziell bei länger dauernden Verhandlungen sollte man sich schriftliche Notizen anfertigen und Zwischenübereinkünfte festhalten. So kann man die Gegenpartei bei Bedarf an bereits gemachte Zugeständnisse erinnern.

Etwas anders verhält es sich übrigens bei Verhandlungen mit Monopolisten. Hier fehlt der Hebel auf der Sachebene meistens gänzlich. Darum gilt es, bei Monopolisten voll und ganz in die Beziehungsebene zu investieren und mit besonderer Freundlichkeit etwas herauszuholen. Vielleicht kommt der Monopolist ein bisschen entgegen – nicht weil er *muss*, aber weil er *kann*.

Dos und Don'ts

Geschickte Forderungsverknüpfung

Folgen Sie dem Prinzip der Reziprozität (Gegenseitigkeit), indem Sie Ihrem Verhandlungspartner nichts geben, ohne etwas dafür zu bekommen. Verknüpfen Sie ein Entgegenkommen immer direkt mit einer Forderung. Beispiel aus Einkaufssicht: «Okay, wir akzeptieren diese Preiserhöhung, dafür übernehmen Sie die Lieferkosten.»

Würde, hätte, könnte, wäre ...

Sätze wie «Könnten Sie uns beim Preis noch ein bisschen entgegenkommen?» machen es dem Gegenüber ganz leicht, die Bitte mit treuen Bambi-Augen und rührseligen Erklärungen abzulehnen. Auch mit «Wäre es vielleicht möglich, dass Sie ...?» hat man kaum eine Chance auf Zugeständnisse. Mit direkten und klaren Formulierungen wie zum Beispiel «Ich schlage vor, wir machen das so und so und dann haben wir den Deal.» bleiben Sie hingegen stark in der Offensive. Verzichten Sie in Verhandlungen also unbedingt auf den Konjunktiv (Möglichkeitsform) und streichen Sie Formulierungen mit *würde, hätte, könnte, wäre* usw. aus Ihrem Verhandlungsrepertoire.

2.9 Erfolgreicher Abschluss

Ende gut, alles gut. Diese Feststellung gilt auch für Verhandlungen. Trotz gewissenhafter Vorbereitung und besten Vorsätzen läuft in Verhandlungen nicht immer alles glatt und nach Plan. Doch am Ende zählt das Resultat. Und stimmt dieses, war es trotz allem eine erfolgreiche Verhandlung. Es ist wie im Sport: Lieber schlecht gespielt und trotzdem gewonnen, als wunderschön gespielt, aber verloren …

Wichtig ist auch in der finalen Phase einer Verhandlung, dass man am Drücker bleibt und selbst den Abschluss definiert, bevor es die andere Seite tut. Denn oft ist zu beobachten, dass diejenige Partei das bessere Ende für sich behält, die hier den ersten Schritt macht.

Manche verhandeln zwar gut, haben aber nicht den Mut, den Abschluss zu gestalten. Prompt verstolpern sie sich und geben vieles wieder aus der Hand, was eigentlich schon ausgehandelt worden ist. Darum ist es ganz wesentlich, am Ende nicht zu lange zu zögern. Um es nochmals mit dem Fußballjargon zu sagen: Verlieren Sie nicht unnötig Zeit im Mittelfeld, sondern verhandeln Sie mit Zug aufs Tor, also mit direkter Ausrichtung auf Ihr Ziel.

Und behalten Sie immer im Sinn: Was am Schluss nicht eindeutig geklärt wird und damit offen oder vage bleibt, bringt häufig mühsame Probleme und lästige Nachverhandlungen mit sich. Deshalb sollen die Abmachungen nach dem erfolgten Abschluss klar und unmissverständlich schriftlich festgehalten werden, sei es in Form eines Vertrags oder wenigstens mit einer Bestätigung der getroffenen Vereinbarungen per E-Mail.

Zudem gilt der Grundsatz: *Nach* der Verhandlung ist *vor* der Verhandlung. Investieren Sie nach dem Abschluss nochmals in die Festigung der Beziehung. Bekanntlich bleibt nicht nur der erste, sondern auch der letzte Eindruck haften. Darum sollte der Schluss genutzt werden, um Sympathie zu festigen und Vertrauen zu stärken. Führen Sie nochmals etwas Smalltalk oder trinken Sie einen gemeinsamen Kaffee. Solche Investitionen in die Beziehungsebene bringen immer gute Zinsen, denn in der Stimmung, in der man auseinandergeht, kommt man das nächste Mal auch wieder zusammen.

Dos und Don'ts

Express-Abschluss

Fürchten Sie sich nicht vor einem schnellen Abschluss. Wenn beide Seiten gut vorbereitet sind und deshalb rasch ein Deal auf dem Tisch liegt, zögert man vielleicht einzulenken, da man denkt, nur bei langen Verhandlungen könne man wirklich alles ausreizen. Liegt das vorliegende Resultat zwischen Minimal- und Maximalziel, können Sie jedoch getrost zügig abschließen und die verbleibende Zeit für die Festigung der Beziehungsebene nutzen.

Zulassen von Nachverhandlungen

Am Schluss müssen manchmal Versuche unterbunden werden, Diskussionen über bereits geklärte Aspekte noch einmal aufflammen zu lassen. Darum ist es sehr nützlich, während der Verhandlung alle Zusagen für sich zu notieren. Auf diese Notizen kann man dann verweisen, sollten Abmachungen am Ende wieder in Frage gestellt werden.

2.10 Druck erzeugt Gegendruck

Niemand lässt sich gern unter Druck setzen. Schon gar nicht in einer Verhandlung. Trotzdem wird in Verhandlungen paradoxerweise oft Druck aufgebaut, um die andere Seite zum Einlenken zu bewegen.

Seit Isaac Newton wissen wir: «Aktion gleich Reaktion». Und dieses sogenannte Wechselwirkungsprinzip trifft auch auf Verhandlungen zu, denn eben: Druck erzeugt *Gegen*druck. Tatsächlich sind die meisten Menschen in Verhandlungen äußerst druckempfindlich. Dies brachte der deutsche Politiker Norbert Blüm einmal mit folgendem, kernigen Satz auf den Punkt: «Konsens erlangt man nicht mit dem Vorschlaghammer.»[7]

Wird in Verhandlungen Druck aufgebaut, landet man rasch in der Sackgasse. Und mit dem Rücken zur Wand folgen die meisten Menschen erfahrungsgemäß dem Motto: Lieber *nicht* zusagen und das Gesicht wahren, als zusagen und als Verlierer dastehen. Und dies auch, wenn man dann mit gar nichts dasteht. Aber eben: Gerade in Verhandlungen reagieren Menschen oft eher emotional statt rational.

Auf der anderen Seite lassen sich Menschen durch passende Argumente, ein gutes Taktgefühl und nicht zuletzt durch sympathisches Auftreten gewinnen. Ein konstruktives Miteinander, bei dem sich beide Seiten als Partner wahrnehmen und sich gegenseitig respektieren, ist ein idealer Nährboden für einen offenen Konsens.

Zwar ist es sehr wohl möglich, Forderungen in Verhandlungen aufgrund einer Machtposition mit Druck durchzuboxen. Aber solche Diktaturen basieren nie auf einer förderlichen Beziehungsebene, denn mit Diktatoren arbeitet niemand gerne zusammen. Im Gegenteil: Man wartet auf eine günstige Gelegenheit, sie zu stürzen.

---

[7] «Die Zeit», Zeitverlag, Ausgabe Nr. 28/1984

Dos und Don'ts

Bewusstes Schweigen

Es gibt Verhandlungssituationen, in denen ist Schweigen die richtige Taktik. Wer auf eine heikle oder provozierende Frage nichts erwidert und das Gegenüber mit starkem Blick fokussiert, sagt mehr als genug. Aber vor allem sollte man geduldig schweigen, wenn man sieht, dass die andere Seite mit sich selbst am Ringen ist, ob sie zusagen soll oder nicht. Jedes weitere Wort stößt in diesem Moment die Zusage weg, wohingegen Schweigen den nötigen Raum zum Einlenken bieten kann.

Ungeduld

Wer hastig zu seinem Ziel gelangen will, wer wichtige Belange unter den Tisch wischt oder wer der Gegenseite nicht recht zuhört, hat kaum Chancen auf eine gute Einigung. Der schwedische Tierfotograf Bengt Berg stellte fest: «Wie oft im Leben raubt uns der Mangel an Geduld das, was wir im nächsten Augenblick hätten haben können.» Nicht nur bei der Tierfotografie, sondern gerade auch bei Verhandlungen braucht es häufig eine gehörige Portion Geduld, um seine Ziele erreichen zu können.

2.11 Angriffe abwehren

Das berühmte Motto, das Douglas Adams in seinem legendären Buch «Per Anhalter durch die Galaxis» seinem Protagonisten mit auf den Weg gab, gilt auch vorbehaltlos für Verhandlungen: «Keine Panik!» Wer cool bleibt, was auch immer in einer Verhandlung passiert, kann mit kühlem Kopf Lösungen finden, wo andere in argumentative Hektik verfallen und scheitern.

Harmonische Verhandlungen kann jeder führen. Wahres Verhandlungstalent zeigt sich, wenn es hitzig wird. Die Kunst besteht darin, bei einem Angriff und unter Druck nicht zum Gegenangriff zu blasen, was zwangsläufig in einem für beide Seiten aussichtslosen Positionskampf endet. Vielmehr gilt es, das Gegenüber mit Fingerspitzengefühl abzufangen und sanft zu einer möglichen Lösung zu führen.

Das heißt als Erstes: Weder die Position des Verhandlungspartners zurückweisen noch den eigenen Vorschlag verteidigen. Bewahren Sie unbedingt eine freundliche, selbstbewusste Haltung. Das ist das Einzige, was das Gegenüber in solchen Momenten beeindrucken kann. Drücken Sie Verständnis dafür aus, dass dem Verhandlungspartner gewisse Punkte offensichtlich sehr am Herzen liegen.

Dann gilt es, daran zu denken, dass man auch aus den Steinen, die einem in den Weg gelegt werden, etwas bauen kann. Das bedeutet, gezielt Punkte des Gegenübers aufzunehmen, und diese elegant in die eigenen Vorschläge einzubetten.

Und da man Krisen bekanntlich am besten meistert, indem man ihnen zuvorkommt, sollte man bereits bei der Vorbereitung mögliche schwierige Situationen antizipieren und entsprechende Reaktionen vorbereiten. So ist man im Fall der Fälle gefasst und verfällt eben nicht in Panik, wenn es in Verhandlungen holprig wird.

Dos und Don'ts

 Reaktion auf unangemessene Aussagen

Weisen Sie bissige, aggressive oder anzügliche Aussagen schnell und deutlich zurück und sprechen Sie dann sofort wieder einen sachlichen Verhandlungspunkt an. Auf diese Weise haben Sie die verbale Entgleisung kurz ausgeleuchtet, aber es entsteht keine beklemmende Situation. Vielmehr sind Sie sogleich wieder zurück auf dem sachlichen Gleis und übernehmen die Führung. Eine weitere Möglichkeit besteht darin, auf eine persönliche Attacke ohne ein Wort mit festem Blick und beharrlichem Schweigen zu reagieren. Das wirkt unter Umständen ebenfalls sehr stark, da sich das Gegenüber jetzt erklären oder rechtfertigen muss.

 Abkaufen von Bluffs

Wer blauäugig auf Bluffs reinfällt, hat in Verhandlungen schlechte Karten. Aussagen wie «Das ist mein allerletztes Angebot.» oder «Ich kann Ihnen unmöglich noch weiter entgegenkommen.» sollten Sie gezielt überhören und einfach weiterverhandeln, als wäre nichts gewesen. Wenn die Aussage tatsächlich ernst gemeint war, werden Sie es bald merken. Wenn aber nicht – wie so oft – können Sie nochmals etwas rausholen.

2.12 Gründliche Nachbearbeitung

Die Entwicklung von starken Verhandlungskompetenzen basiert zu einem großen Teil auf Erfahrung. Eine kluge Theorie ist bestimmt nützlich. Aber schlussendlich ist es immer die Praxis, die zählt. Je mehr unterschiedliche Verhandlungssituationen Sie erleben und meistern, desto geschickter werden Sie.

Arthur Wellesley, ein britischer Feldherr, bilanzierte: «Erfahrung ist die Summe der Fehler, die man gemacht hat.» Deshalb ist speziell nach wichtigen Verhandlungen eine gewissenhafte Reflexion sehr wertvoll. Dabei geht es darum, ehrlich in den Spiegel zu blicken und sich zu überlegen, was man gut gemacht hat und wo allenfalls Optimierungspotenzial liegt, um das nächste Mal in einer ähnlichen Situation noch besser agieren zu können. Auf diese Weise steigern Sie Ihr Verhandlungsgeschick stetig.

Analysieren Sie im Nachgang unbedingt auch das Verhalten des Verhandlungspartners, denn von der Gegenseite kann man auch profitieren – von den guten wie von den weniger guten Momenten.

Machen Sie sich zudem Notizen zu allem, was Sie über Ihre Verhandlungspartner erfahren. Selbst mit dem besten Gedächtnis kann man sich in der heutigen, schnelllebigen Zeit nicht alles merken. Und was man sich heute auf ewig zu merken glaubt, ist morgen bereits diffus. Und übermorgen längst vergessen.

Notieren Sie sich deshalb nach jeder Verhandlung neu gewonnene Informationen und interessante Details über die Organisation und/oder die Person(en), mit denen Sie verhandelt haben. Von diesen Notizen können Sie bei jedem weiteren Kontakt profitieren. Weil eben: *Nach* der Verhandlung ist *vor* der Verhandlung.

Dos und Don'ts

Verhandlungstagebuch führen

Führen Sie ein Verhandlungstagebuch, in dem Sie gute Formulierungen, Taktiken, Ideen usw. festhalten. Schauen Sie Ihre Notizen von Zeit zu Zeit wieder durch, um sich davon für Ihre weiteren Verhandlungen inspirieren zu lassen.

Immer wieder dieselben Fehler machen

Auch bei Verhandlungen gilt: Fehler zu machen ist keine Schande – nicht aus seinen Fehlern zu lernen aber schon. Wohl jeder zeigt beim Verhandlungsstil charakter- und persönlichkeitsbedingt gewisse negative Tendenzen und Verhaltensmuster. Diese gilt es durch eine selbstkritische Reflexion zu identifizieren und zu bekämpfen. So macht man aus dem Mist der Vergangenheit Dünger für die Zukunft.

2.13 Zusammenfassung: 10 Erfolgsregeln für die Verhandlungstechnik

Die folgenden 10 Regeln bringen Sie in Verhandlungen zum Erfolg:

1. Je detaillierter Sie sich vorbereiten, desto besser sind Sie für Verhandlungen gerüstet.
2. Vor jeder Verhandlung müssen Ziel(e) und Strategie klar definiert sein.
3. Verhandlungen sind ein Nehmen *und* ein Geben.
4. Achten Sie am Anfang auf ein souveränes, selbstbewusstes und gewinnendes Auftreten.
5. Starten Sie jede Verhandlung mit einem positiven Aspekt.
6. Gehen Sie, wo immer möglich, in die Offensive und machen Sie den ersten Vorschlag.
7. Formulieren Sie Ihre Argumente so, dass die Gegenseite den eigenen Nutzen erkennt.
8. Verhandeln Sie weich zu den Menschen und hart in der Sache.
9. Verzichten Sie auf den Konjunktiv, also auf Formulierungen mit *würde, hätte, könnte, wäre* usw.
10. Reflektieren Sie Ihr Verhalten nach jeder wichtigen Verhandlung und lernen Sie aus Fehlern.

> **MERKE:**
> Jede Verhandlung ist einmalig und braucht daher eine individuelle Vorbereitung und Taktik.

3 Präsentationstechnik/Rhetorik[8]

Schön, wenn Leute problemlos einschlafen können. Aber bitte nicht während Ihrer Präsentation! Lassen Sie darum jeden in den Raum – bloß nicht die Langeweile. Der Schriftsteller Mark Twain sagte dazu treffend: «Die schlimmste aller Todesarten ist, zu Tode geredet zu werden.»

Frage: Warum wird ein Geschenk hübsch verpackt? Damit die Übergabe zum speziellen oder vielleicht sogar zum magischen Moment wird. Der Inhalt ist zwar die Hauptsache, aber die attraktive Geschenkverpackung ist für den Moment der Übergabe ebenfalls ganz entscheidend.

Eine gute Präsentation ist wie ein Geschenk, denn auch hier geht es nicht nur um den Inhalt, sondern um den Gesamteindruck, der bei der Übergabe der Informationen entsteht. Und dabei gilt, dass das Auftreten und die Wirkung einer Person viel stärker wirken als deren Worte.

Wichtige Gedanken und Punkte sind also ein guter Anfang. Aber diese müssen unbedingt attraktiv verpackt werden, damit sie beim Publikum auch tatsächlich ankommen und die erwünschte Wirkung erzielen.

Vielleicht lässt der Gedanke, im Fokus zu stehen und die auf Sie gerichteten Blicke auszuhalten, ein mulmiges Gefühl in Ihrer Magengegend aufkommen. Doch sehen Sie jeden Auftritt vor Publikum als das, was es effektiv ist: Eine Chance, andere von Ihren Ideen zu überzeugen und sie zu motivieren. Freuen Sie sich daher auf Ihre Auftritte, denn wer sich freut, in dem brennt ein starkes Feuer der Begeisterung, das rasch aufs Publikum übergreift.

Nutzen Sie also den auf Sie gerichteten Fokus, um attraktive Gedanken zu *verschenken*. Dann wird auch niemand im Publikum in den berühmt-berüchtigten Zuhörerschlaf wegdämmern.

---

[8] Der altgriechische Begriff «Rhetorik» kann auf Deutsch am besten mit dem Wort «Redekunst» wiedergegeben werden. Die Kunst besteht z. B. darin, seine Zuhörenden von einer Aussage zu überzeugen oder sie zu einer bestimmten Handlung zu bewegen. Da hierbei im Business oft etwas *präsentiert* wird, ist in diesem Zusammenhang der Begriff «Präsentationstechnik» geläufiger und wird daher in diesem Ratgeber bevorzugt verwendet.

3.1 Exakte Zieljustierung

Wenn Sie zu einer Bergwanderung aufbrechen, müssen Sie Ihr Ziel genau kennen. Sonst wissen Sie weder, welche Richtung Sie einschlagen sollen, noch welche Ausrüstung Sie für den Weg benötigen. Und wer bei einer Bergtour vom richtigen Weg abkommt, braucht schlussendlich unter Umständen den Rettungshubschrauber, um wieder auf sicheres Terrain zu gelangen.

Und genauso, wie es die unterschiedlichsten Wanderziele und -routen gibt, so gibt es auch die unterschiedlichsten Ziele, was bei einer Präsentation erreicht werden soll. Darum müssen Sie immer ganz genau wissen, welches Ziel Sie anstreben. Denn erst mit einem konkreten Ziel vor Augen können Sie sich optimal vorbereiten.

Gönnen Sie sich zu Beginn Ihrer Vorbereitung daher unbedingt einen konzentrierten Moment, um eine genaue Peilung Ihres Ziels vorzunehmen. Definieren Sie Ihre Kernbotschaft, also das, was Sie Ihren Zuhörern vermitteln wollen. Schreiben Sie diese Kernbotschaft am besten groß auf einen Zettel und werfen Sie bei der anschließenden Vorbereitung immer mal wieder einen Blick darauf. So bleiben Sie stets präzis auf Kurs.

Dazu eine schöne Idee: Stellen Sie sich vor, in einem Zeitungsartikel würde über Ihre Präsentation berichtet. Welche Headline würden Sie sich für diesen Artikel wünschen? Das ist Ihre Botschaft – Ihr Ziel!

Klar, heute muss immer alles schnell, schnell gehen. Doch nur wer sich am Anfang der Vorbereitung wirklich Zeit für eine saubere Zieljustierung nimmt, holt am Ende das Maximum aus seiner Präsentation raus.

Dos und Don'ts

Präzise Zielausrichtung durch Fragen

Überlegen Sie sich bereits sehr früh während der Vorbereitung, welche Fragen beim Publikum im Raum stehen und welche Fragen während der Präsentation aufkommen könnten. Orientieren Sie sich bei der Zieljustierung auch an diesen Fragen. Dann werden Sie sich präzise auf Ihre Zuhörenden ausrichten und können unter Umständen Fragen beantworten, bevor diese überhaupt gestellt werden.

Immer gleiche Standard-Präsentation verwenden

Jedes Publikum ist anders und hat unterschiedliche Bedürfnisse. Darum kann man dasselbe Thema – und sei es bloß eine Firmenpräsentation – unmöglich immer mit derselben Standard-Präsentation vermitteln. Passen Sie Ihre Präsentationen individuell an die verschiedenen Situationen an. So können Sie verhindern, dass Sie Ihr Publikum überfordern, unterfordern oder langweilen.

3.2 Genaue Publikumsausrichtung

Wer beurteilt, ob ein Roman spannend ist? Der Autor oder die Leser? Wer bestimmt, ob ein Konzert gerockt hat? Die Band oder das Publikum? Und wer entscheidet darüber, ob ein Essen schmeckt? Der Koch oder der Gast?

Ganz klar: Schlussendlich entscheidet immer der Konsument. So auch bei einer Präsentation: Nicht der Redner urteilt darüber, ob der Auftritt überzeugt hat. Diese Entscheidung liegt vielmehr beim Publikum. Also gilt es, sich voll und ganz auf die Erwartungen und Bedürfnisse der Zuhörenden auszurichten.

Daher ist es für Sie unerlässlich, sich ganz genau zu überlegen, was Ihr Publikum von Ihnen erwartet. Gehen Sie grundsätzlich mit der Einstellung an Ihre Auftritte heran, Ihren Zuhörern etwas bieten zu wollen. Ist das Publikum mit einer Präsentation nicht zufrieden, dann meistens, weil der Redner sich nur auf Informationen konzentriert, sich aber nicht überlegt hat, wie er diese Fakten spannend präsentieren kann.

Dem Koch im Feinschmeckerlokal stehen grundsätzlich die gleichen Zutaten zur Verfügung wie demjenigen in der Kneipe. Aber der Spitzenkoch wird seine Mittel viel raffinierter einsetzen und kunstvoller präsentieren. Überlegen Sie sich also, wie Sie Ihrem Publikum den reinen Nährwert Ihrer Gedanken auf attraktive Weise servieren können.

Natürlich können nicht alle Präsentationen und Informationen, die weitergegeben werden, gefällig sein. Manchmal müssen auch unangenehme Fakten aufgetischt werden. Gerade dann gilt es, sich in die Lage der Zuhörenden zu versetzen und sich ganz genau zu überlegen, was gesagt und vor allem *wie* es gesagt werden soll, damit es beim Publikum trotz allem einigermaßen erträglich ankommt.

Dos und Don'ts

Publikumsgerechter Start

Beim Einstieg ist es besonders wichtig, sich auf das Publikum auszurichten, denn beim Start entscheidet sich, ob sich die Zuhörenden dem Thema öffnen und sich ansprechen lassen. Nicht jeder Beginn ist für jedes Publikum passend. Wer sich beim Start präzise auf die Bedürfnisse und die Haltung seines Publikums und auch auf die konkrete Situation einstellt, darf sich über Zuhörende und nicht bloß über Anwesende freuen.

Fettnäpfchen-Themen

Mit gedankenlosen Bemerkungen zu den sogenannten Fettnäpfchen-Themen *Politik, Religion, Sex* sowie *Krankheiten* und *Behinderungen* können ganz schnell Gefühle verletzt werden. Vorsicht auch beim Sport: Eine spitze Bemerkung über eine bestimmte Fußballmannschaft, ein flapsiger Spruch über «die Golfer» – und schon hat man Feinde. Es gehört daher zur Publikumsausrichtung, auf solche Anspielungen komplett zu verzichten.

3.3 Konsequente Reduktion

Es ist quasi ein Naturgesetz: Ob Sie 2, 5, 20 oder gar erbarmungslose 60 Minuten lang sprechen, am Schluss können sich die Zuhörenden bloß zwei, drei Punkte merken. Im Idealfall sind es natürlich Ihre Kerngedanken, die beim Publikum haften bleiben. Konzentrieren Sie sich daher darauf, Ihre zentralen Punkte nachhaltig und spannend zu vermitteln, damit diese auch tatsächlich hängen bleiben.

Dabei gilt unbedingt: Weniger ist mehr! Sie brauchen den Mut, auf überflüssige Informationen zu verzichten. Vielen fällt es schwer, sich von Inhalten zu trennen, die zwar grundsätzlich interessant sind, die aber entweder nicht relevant sind oder den Zeitrahmen sprengen – oder gleich beides zusammen.

In diesem Fall sollte man sich von der Aussage des berühmten französischen Schriftstellers Antoine de Saint-Exupéry ermuntern lassen, der sinnierte: «Perfektion ist nicht dann erreicht, wenn es nichts mehr hinzuzufügen gibt, sondern wenn man nichts mehr weglassen kann.»[9]

Versetzen Sie sich bei der Vorbereitung immer wieder in die Lage Ihres Publikums und fragen Sie sich kritisch:

- Fände ich die Informationen relevant und nützlich?
- Würde ich die Präsentation interessant und spannend finden?
- Könnte ich diesen Ausführungen gedanklich folgen?

Wenn Sie diese Fragen eindeutig mit Ja beantworten können, dann sind Sie auf gutem Weg zu einem erfolgreichen Auftritt.

Und eben: Bekanntlich reist man am besten mit leichtem Gepäck. Das gilt auch vor Publikum. Wer seine Präsentationen überlädt, ist schwerfällig unterwegs, überfordert seine Zuhörenden und kann sein gewünschtes Ziel nicht erreichen. Mit wenigen, gut strukturierten und spannend verpackten Gedanken erreicht man viel mehr.

---

[9] «Terre des Hommes», Antoine de Saint-Exupéry, Verlag Gallimard, Paris, 1939

Dos und Don'ts

Zeit einhalten

In unserer genau getakteten Welt wird es sehr geschätzt, wenn man die Zeit exakt einhält. Planen Sie daher präzise und großzügig! Damit verhindern Sie schon von Beginn an, dass Sie bei Präsentationen wegen Zeitnot in Stress geraten. Und definieren Sie Stellen, die Sie allenfalls weglassen können, wenn die Zeit nicht reicht oder wenn plötzlich weniger Zeit als geplant zur Verfügung steht.

Bereits Bekanntes breitklopfen

Wer bereits bekannte Informationen lang und breit ausrollt, langweilt seine Zuhörenden mit Sicherheit. Überlegen Sie daher ganz genau, wo Sie mit Ihren Ausführungen ansetzen und von welchem Vorwissen Sie beim Publikum ausgehen dürfen. Im Zweifelsfall können Sie bereits Bekanntes mit einer *kurzen* Zusammenfassung nochmals ins Zentrum rücken, damit die Basis für die weiteren Ausführungen solide gelegt ist.

3.4 Überzeugender Aufbau

Gemäß dem Schauspieler Peter Ustinov sieht der Schlüssel zu einer guten Rede wie folgt aus: «Man braucht einen genialen Anfang, einen genialen Schluss und möglichst wenig dazwischen.» Aus dieser Aussage lässt sich ein sehr wichtiger Grundsatz ableiten: Egal, worüber und wie lange sie sprechen, der Anfang und der Schluss müssen sitzen, denn am Anfang entscheidet sich, ob das Publikum überhaupt zuhört, und an den abschließenden Punkt wird man sich später erinnern. Oder eben auch nicht, wenn er schwach war.

Darüber, was zwischen Startschuss und Ziellinie einer Präsentation passiert, also wie Gedanken rhetorisch aufbereitet und geordnet werden können, gibt es zahllose Theorien. Lassen Sie sich durch diese teils recht komplexen Modelle bloß nicht nervös machen. Folgen Sie bei der Anordnung Ihrer Argumente und Darlegungen am besten Ihrem eigenen Gefühl und Ihrem persönlichen Stil – und natürlich der Logik.

Fragen Sie sich bei der Vorbereitung immer wieder aus der Perspektive des Publikums, welche Punkte Sie in welcher Reihenfolge und Tiefe hören müssten, damit Sie folgen könnten und damit Sie sich auch überzeugen lassen würden.

Und nicht vergessen: Egal, ob Sie kurz oder lang reden, am Ende kann sich das Publikum höchstens zwei, drei Punkte merken. Sorgen Sie dafür, dass es tatsächlich Ihre hauptsächlichen Anliegen sind, welche die Zuhörenden mitnehmen, indem Sie diese geschickt in den Fokus rücken.

Wenn Sie mal keine oder nicht viel Zeit für die Vorbereitung haben oder Sie sofort reagieren müssen, dann bietet sich die Drei-Punkte-Formel als Orientierungshilfe an. Dabei konzentrieren Sie sich konsequent auf drei Punkte. Dazu gibt es zum Beispiel folgende Möglichkeiten:

- 1. Ist-Situation → 2. Soll-Situation → 3. Lösungsweg
  (auch «Hölle-Himmel-Weg-Struktur» genannt)
- 1. Rückblick → 2. aktuelle Situation → 3. Ausblick
  (auch «Gestern-Heute-Morgen-Struktur» genannt)
- 3 Highlights hervorheben

Mit dieser Drei-Punkte-Formel verzetteln Sie sich nicht und Sie haben eine gute Orientierungshilfe, um Ihre spontanen Worte sauber zu strukturieren.

Dos und Don'ts

Mittels Storytelling faszinieren

Geschichten faszinieren und bewegen. An Geschichten erinnern wir uns. Listen und Aufzählungspunkte vergessen wir wieder. Verpacken Sie darum Ihre Botschaften in unterhaltsame, spannende und faszinierende Geschichten. So nutzen Sie die Magie des sogenannten Storytellings, um kreativ und gekonnt zu überzeugen.

Verbreiten von Langeweile

«Ich musste halt eine trockene Materie behandeln.» Das ist eine beliebte Ausrede von Rednern, die sich schulterzuckend für ihre langweilige Präsentation entschuldigen. Man kann es drehen und wenden, wie man will: Dies ist und bleibt eine faule Ausrede! Denn mit gutem Willen und etwas Kreativität lässt sich *jedes* Thema wirkungsvoll würzen.

3.5 Packender Einstieg

Eine koreanische Weisheit bringt es treffend auf den Punkt: «Der Anfang ist die Hälfte des Weges.» Für Sie als Redner bedeutet das: Je besser Sie starten, desto besser wird Ihnen die gesamte Präsentation gelingen. Ein guter Start sorgt für den richtigen Takt, gibt Sicherheit und stärkt Ihr Vertrauen in die eigenen Fähigkeiten.

Dabei ist wichtig zu wissen, dass der Start noch vor der ersten gesprochenen Silbe beginnt, denn das Publikum hat sich schon einen Eindruck von Ihnen gemacht, bevor Sie überhaupt etwas gesagt haben. Egal, ob man Sie schon kennt oder nicht: Aus Ihrem Gesichtsausdruck, Ihrer Körperhaltung und Ihrer Kleidung versuchen Ihre Zuhörer zu lesen, ob Sie in diesem Moment kompetent, sympathisch und überzeugend wirken.

Der Start muss aber natürlich vor allem *inhaltlich* überzeugen. Dabei gilt: Ein guter Start weckt Neugier. Überlegen Sie sich: Wie kann ich das Publikum überraschen und packen? Menschen lieben Überraschungen. Machen Sie sich diesen Umstand für den Einstieg in Ihre Präsentationen und Reden zunutze und starten Sie nicht dort, wo es alle erwarten würden.

Hier einige Möglichkeiten für einen interessanten Einstieg:

- Passendes Zitat, kurze Anekdote oder humorvoller Gedanke mit Niveau
- Packendes Bild
- Rhetorische Frage (z. B. «Haben Sie sich auch schon mal gefragt, warum ...»)
- Bezugnahme auf aktuelles Ereignis
- Unerwartetes Versprechen oder außergewöhnliche Ankündigung
- Verblüffende oder provozierende Behauptung

Und am besten, Sie studieren den Anfang richtig gut ein, damit er sauber und präzise gelingt und Sie einen optimalen Start in Ihren Auftritt erwischen, der Ihnen Sicherheit für die weiteren Worte gibt.

Noch etwas: Achten Sie darauf, dass Sie mit dem anregenden Einstieg aber trotz allem zügig zum Thema kommen, damit das Publikum nicht zu lange auf den Kern der Präsentation warten muss und ungeduldig wird.

Dos und Don'ts

Allererstes Wort

Achten Sie einmal darauf, wie oft Präsentationen mit Wörtern wie «also», «so», «ja» oder gar mit einem verlegenen Räuspern eröffnet werden. Wer darauf verzichtet und gleich mit einem starken, ersten Satz einsteigt, hat etwas zu sagen und wirkt professionell.

«Schlaftabletten-Start»

Nehmen Sie zu Beginn keinesfalls Bezug aufs Wetter und verteilen Sie als Einstieg auch niemals «akustische Schlaftabletten» in Form von Langweiligkeiten über die eigene Person und/oder Firma. Verdienen Sie sich zunächst durch spannende Ausführungen zum eigentlichen Thema die Aufmerksamkeit Ihrer Zuhörenden. Flechten Sie dann – wenn überhaupt nötig – im Verlauf der Präsentation einige Bemerkungen über sich und die Organisation ein, die Sie vertreten. Fragen Sie sich dazu selbstkritisch: Welche Informationen sind fürs Publikum wichtig und wertvoll? Alles andere können Sie getrost weglassen.

3.6 Wirkungsvoller Schluss

Einem Läufer nützt ein optimales Rennen nichts, wenn ihm kurz vor der Ziellinie die Puste ausgeht. Auch bringt eine an sich gute Präsentation nicht allzu viel, wenn ein überzeugender Schluss fehlt. Darum gilt den Schlussworten bereits bei der Vorbereitung besondere Aufmerksamkeit, denn so können Sie Ihre Ausführungen mit einem markanten Schlusspunkt abrunden.

Wichtig ist dabei zunächst einmal, dass Sie den Schluss niemals zu weit hinauszögern. Der spanische Schriftsteller Baltasar Gracián wusste schon im 17. Jahrhundert: «Das Gute ist noch einmal so gut, wenn es kurz ist.»[10] Tatsächlich liegt auch bei Präsentationen die Würze in der Kürze. Knappe Auftritte bedingen es, die Gedanken aufs Wesentliche zu reduzieren. Das Resultat sind präzise und im wahrsten Sinne des Wortes *kurz*weilige Ausführungen.

Es ist kein Geheimnis, dass das, was am Schluss gesagt oder gezeigt wird, meist am längsten im Gedächtnis der Zuhörenden haften bleibt. Sorgen Sie deshalb dafür, dass hier Ihre Kernbotschaft nochmals deutlich aufleuchtet.

Bewährte Varianten für einen wirkungsvollen Schluss:

- Cooler Spruch oder prägnantes Zitat
- Bogen schlagen zum (spannenden) Anfang der Präsentation
- Interessantes Bild zeigen, welches die Kernbotschaft auf kreative Weise wiedergibt
- Zusammenfassung in einem kernigen Satz
- Zum Handeln motivieren
- Ausblick in die Zukunft

Überlassen Sie also den Schluss niemals dem Zufall. Nutzen Sie vielmehr die Gelegenheit, Ihrem Auftritt mit kreativen und markanten Schlussworten das sprichwörtliche Sahnehäubchen aufzusetzen. Und wie den Start sollten sie auch den Schluss gut einstudieren, damit er optimal gelingt. Damit bügelt man manche Ungereimtheit wieder aus, die sich während der Präsentation einschleichen mag.

---

[10] «Handorakel und Kunst der Weltklugheit», Baltasar Gracián, 1647, deutsche Übersetzung von Arthur Schopenhauer, 1832

Dos und Don'ts

 «Schlussschluss» für Fragerunde vorbereiten

Wenn nach dem wirkungsvollen Schluss einer Präsentation eine Fragerunde folgt, ist es wichtig, sich bei der Vorbereitung einen sogenannten «Schlussschluss» auszudenken, damit nach der Fragerunde ein sauberer, endgültiger Schluss gelingt.

 «Danke für Ihre Aufmerksamkeit»

Wer am Schluss einfach plump für die Aufmerksamkeit dankt, lässt den latenten Verdacht aufkommen, dass man sich selbst bewusst ist, dass die Präsentation wohl eine Zumutung war. Danke zu sagen ist nicht falsch – im Gegenteil. Aber der Dank muss ehrlich gemeint sein. Danken Sie also nur für etwas, was Sie in diesem Moment auch wirklich meinen und fühlen. Dann wirkt der Dank authentisch und ist passend.

3.7 Powervolles PowerPoint[11]

Menschen sind Augentiere. Daher schätzt es das Publikum, nicht einfach nur zu*hören* zu müssen, sondern auch zu*sehen* zu können. Eine professionelle PowerPoint-Präsentation kann das gesprochene Wort massiv aufwerten. Ein anschauliches Diagramm oder eine saubere Auflistung von klaren Fakten hat schon oft überzeugt.

Verschonen Sie Ihr Publikum aber unbedingt mit Buchstabenfriedhöfen und Zahlenwüsten. Text- und zahlenlastige Folien sind nicht nur langweilig, sie lenken auch noch vom Redner ab, denn entweder wird das Publikum lesen oder zuhören – beides zusammen geht leider nicht. Sollten Sie sich trotzdem dafür entscheiden, Text oder Zahlen nicht nur zu *sagen*, sondern auch zu *zeigen*, dann bereiten Sie Ihre Slides attraktiv auf, weil ein ansprechendes Layout per se überzeugender wirkt als unbeholfene «Bastelarbeiten».

Und bekanntlich sagt ein Bild mehr als tausend Worte. Folglich kann man – wo passend – mit Bildern Emotionen wecken. Lassen Sie sich dabei von der Werbung inspirieren: Je nüchterner das Produkt, desto kreativer fahren Werbefachleute die emotionale Schiene. Denn schließlich lassen wir uns viel öfter von den Gefühlen beeinflussen, als wir das jemals zugeben würden.

Grundregeln für das Erstellen von wirkungsvollen Präsentationen:

- Präsentation generell attraktiv und professionell gestalten.
- Folien einfach und übersichtlich halten (Motto: 1 Folie = 1 Aussage).
- Startfolie muss einladend und Schlussfolie einprägsam wirken.
- Schlagwörter oder kurze Aussagen statt ganze Sätze oder gar Fließtext.
- Möglichst große (vollflächige) und gestochen scharfe Bilder verwenden.
- Dateipfade, Seitenzahlen usw. nur, wenn unbedingt nötig anzeigen.

Und bei aller Technik bitte nicht vergessen: Die Person ist *immer* wichtiger als die Präsentation. Es überzeugt nämlich *immer* der Mensch und nicht die Präsentation allein. Rücken *Sie* daher ins Zentrum und verstecken Sie sich nicht hinter Ihren Slides. So hat Ihr Point dann auch wirklich Power!

---

[11] Die Tipps in diesem Kapitel gelten natürlich auch für alle anderen Präsentationsprogramme wie zum Beispiel *Keynote* oder *Prezi*.

Dos und Don'ts

Schlanke Präsentationen

Folgen Sie beim Erstellen von PowerPoint-Präsentationen grundsätzlich dem Motto «Weniger ist mehr» und halten Sie Ihre Präsentationen schlank. Also lieber ein paar wenige, attraktive Slides als eine umfangreiche optische Katastrophe.

Nervöse Animationen

Technischer Schnickschnack (z. B. Einfliegen, Blinken, Rotieren usw.) tut nur eines: nerven! Heute wissen restlos alle, was mit PowerPoint technisch möglich ist. Setzen Sie solche Features nur ganz gezielt und punktuell ein, nämlich dort, wo es auch tatsächlich Sinn macht wie beispielsweise beim Hervorheben eines bestimmten Bereichs.

3.8 Praktisches Handout

Auch wenn es nachher oft nicht mehr angeschaut wird: Viele Zuhörende wünschen sich, dass sie aus der Präsentation etwas Schriftliches mitnehmen können. Und oft ist es ja auch durchaus sinnvoll oder gar unumgänglich, gewisse Informationen schriftlich weiterzugeben.

Dient das Handout beispielsweise in einem Meeting als Diskussionsgrundlage, ist die Präsentation natürlich gleichzeitig das Handout. Achten Sie hier darauf, dass Handout und Slides effektiv identisch sind, weil jede Abweichung unnötige Fragen aufwirft, wenn sie entdeckt wird.

Für andere Situationen ist bezüglich des Handouts folgender Vergleich wegweisend: Ein Geländewagen hat in der Formel 1 keine Chance, und umgekehrt wird ein Formel-1-Wagen auf einem holprigen Feldweg sehr rasch kapitulieren. Es ist offensichtlich: Beide Fahrzeuge sind für ihren Bereich spezialisiert und sind daher nicht in beliebiger Umgebung einsetzbar.

Bei vielen Auftritten vor Publikum ist es ähnlich: Eine Präsentation, die dazu dient, das gesprochene Wort effektvoll zu illustrieren und zu untermalen, kann unmöglich auch gleich noch die Voraussetzungen für ein optimales Handout erfüllen. Wenn bei der Präsentation gilt, möglichst wenig Text zu verwenden, so sollte sich das Handout logischerweise selbsterklärend verstehen lassen, was ohne ordentlich Text kaum funktioniert. Darum: Auch wenn es einen Mehraufwand bedeutet, lohnt es sich, die Präsentation und das Handout separat zu entwickeln.

Was als Handout oft besonders gut ankommt, ist eine Zusammenfassung auf einer einzigen Seite mit allen Informationen, welche für die Zuhörenden relevant sind. Dass sich jemand im heutigen hektischen Alltag nach einer Präsentation die Zeit nimmt, alle 37 Slides nochmals durchzuklicken, ist eher unwahrscheinlich. Doch mit *einem* übersichtlichen A4-Blatt oder *einer einzigen* PDF-Seite mit allen wichtigen Punkten beschäftigt man sich durchaus nochmals. Also gilt auch hier wieder: Weniger ist mehr!

Dos und Don'ts

Wann das Handout verteilen

Viele meinen, ein Handout sollte unbedingt erst *nach* der Präsentation verteilt werden, damit das Publikum nicht während der Präsentation darin liest. Das wirkt aber oft etwas oberlehrerhaft. Grundsätzlich gilt: Sie müssen einfach spannender sein als das Handout, dann wird das Publikum automatisch Ihnen zuhören, statt die Nase ins Handout oder sonst wohin zu stecken.

Nicht-Informieren des Publikums

Wenn Sie das Handout trotz allem nicht im Voraus zur Verfügung stellen wollen, dann lassen Sie die Zuhörenden auf alle Fälle wissen, was sie hinterher erhalten werden. Nicht, dass einige im Publikum mühsam mitschreiben – und nachher erhalten sie alles als Handout.

3.9 Nervosität aushalten

Das Wichtigste gleich vorweg: Nervosität meldet sich weitgehend unabhängig von der tatsächlichen Wahrscheinlichkeit des Scheiterns. Das erklärt, warum oft auch erfahrene und erfolgreiche Menschen noch darunter leiden. Lampenfieber hat nämlich viele Gemeinsamkeiten mit den lästigen Wespen beim Barbecue im Spätsommer: Sie sind ganz einfach da, also muss man sich irgendwie mit ihnen arrangieren.

Folgende Maßnahmen helfen beim Umgang mit Nervosität und aufgeregtem Herzklopfen:

- Gute Vorbereitung, denn diese gibt generell Sicherheit und stärkt das Selbstvertrauen
- Positiv eingestellt sein und ganz bewusst die eigene Überzeugung fördern, dass der Auftritt glücken wird (Autosuggestion nach der Devise: «Ich kann das!»)
- Vorher nichts trinken, was die Nervosität fördert wie Kaffee oder Energy Drinks
- Frühzeitig am Ort des Geschehens eintreffen
- Den Raum auf sich wirken lassen, bevor die ersten Zuhörenden erscheinen
- Vor Beginn des Auftritts etwas Smalltalk mit Zuhörenden führen
- Kurz bevor es losgeht zur Entspannung bewusst ein paarmal tief ein- und ausatmen
- Von Anfang an auf einen guten, selbstbewussten Stand achten
- Sich die ersten Sätze gut einprägen
- Daran denken, dass das Publikum die Nervosität des Redners kaum wahrnimmt
- Nicht fehlerlos sein wollen

Wer möglichst oft auftritt, wird mit zunehmender Erfahrung die Nervosität automatisch besser in den Griff bekommen. Ganz verlieren wird man das Lampenfieber wahrscheinlich nie. Deuten Sie es aber keinesfalls als schlechtes Omen, wenn Ihr Herz vor einem Einsatz vor Publikum aus der Brust hüpfen will. Es zeigt vielmehr, dass Sie Ihren Einsatz ernst nehmen und Ihrem Publikum etwas bieten wollen. Lampenfieber ist im Prinzip die Bestätigung Ihres Körpers, dass er verstanden hat, dass es jetzt wichtig wird.

Dos und Don'ts

Lampenfiebersenkender Start

Nach einem geglückten Start geht das Lampenfieber automatisch rasch zurück. Deshalb ist es so wichtig, einen spannenden Einstieg vorzubereiten und sich diesen gut einzuprägen, damit er auch wirklich gelingt und Sie zügig in einen positiven Fluss kommen.

Anstreben einer fehlerlosen Präsentation

Perfektionisten setzen sich bei Auftritten oft selbst massiv unter Druck, indem sie eine absolut perfekte Vorstellung hinkriegen wollen. Das ist aber kontraproduktiv, denn Perfektion vor Publikum ist ein Ding der Unmöglichkeit. Und sobald sich die üblichen kleinen Versprecher oder sonstigen Patzer einschleichen, wird man mit einer perfektionistischen Haltung nur noch nervöser. Zudem haben die Zuhörenden gar nicht das Verlangen nach makelloser Vollkommenheit. Stecken Sie Ihren Ehrgeiz darum besser in die optimale Vorbereitung und versuchen Sie anschließend, vor Publikum entspannt mit Schnitzern und Versprechern umzugehen, da diese bei Präsentationen ganz einfach dazugehören.

3.10 Optimales Manuskript

Ein allgemeingültiges Patentrezept dazu, wie ein Manuskript idealerweise aussehen soll, gibt es nicht. Es gilt diesbezüglich vielmehr, eine Form zu finden, die gut zu Ihnen und zu Ihrem Stil passt.

Ein ausgeschriebenes Manuskript gibt Sicherheit, da alle Gedanken ausformuliert und so während des Auftritts abrufbar sind. Allerdings besteht hier die Gefahr, dass sich die Präsentation als Vorlesung entpuppt, was immer langweilig ist. Heben Sie darum in einem ausgeschriebenen Manuskript auf alle Fälle wichtige Stichworte und Passagen mit Leuchtstift hervor, damit Sie sich beim Vortragen an diesen Wegmarken orientieren können und möglichst nicht am Manuskript «kleben».

Stichwortkarten lassen viele Freiheiten für Blickkontakt mit dem Publikum. Finden Sie Ihre persönliche Strategie, *was* Sie aufschreiben und *wie* Sie es notieren, damit Sie von den Stichworten sicher durch Ihren Auftritt getragen werden. Und nummerieren Sie die Karten für den Fall, dass sie in der Hitze des Gefechts durcheinandergeraten sollten.

Und auch beim Einsatz von Stichwortkarten: Formulieren Sie den Anfang und den Schluss der Präsentation aus und prägen Sie sich diese gut ein, damit diese wichtigen Schlüsselstellen prima sitzen. Das gibt Sicherheit beim Start und ermöglicht eine saubere Punktlandung zum Schluss.

Wer sich zutraut, ganz ohne Notizen vor sein Publikum zu treten, sollte auf keinen Fall den Fehler machen, alles Wort für Wort auswendig zu lernen. Das macht beim Vortragen einen roboterhaften und gekünstelten Eindruck. Prägen Sie sich bei der Vorbereitung Ihre Hauptgedanken und vor allem auch deren Reihenfolge gut ein und bleiben Sie dann beim Sprechen locker, natürlich und spontan. Dann wirkt das freie Sprechen überzeugend und authentisch.

Für welche Variante Sie sich auch immer entscheiden: Sie müssen überzeugt sein, dass Sie damit sicher über die Runden kommen, denn diese zuversichtliche Gewissheit gibt das nötige Selbstvertrauen für starke Auftritte.

Dos und Don'ts

Überzeugende Stegreifreden

Die Stegreifrede, also das *spontane* Sprechen vor Publikum, ist sicher die Königsdisziplin der Rhetorik. Mark Twain hat dazu gesagt: «Um eine gute Stegreifrede zu halten, brauche ich mindestens drei Tage Vorbereitungszeit.» Tja, genau das Fehlen der Vorbereitungszeit ist die große Herausforderung. Auch bei Stegreifreden ist trotz aller Spontanität eine gewisse logische Struktur wichtig sowie ein packender Anfang und ein guter Schluss. Profis haben immer ein paar Anekdoten, Zitate, Themen, Vergleiche oder ähnliches im Hinterkopf, die sie bei Bedarf elegant einflechten können. Und noch ein Tipp: Setzen Sie sich bei der Stegreifrede blitzartig ein konkretes Ziel und verlieren Sie dieses beim Sprechen nie aus den Augen. So bleiben Sie auch spontan stets auf Kurs.

Bedruckte Rückseite

Achten Sie darauf, dass die Rückseite Ihrer Unterlagen unbedruckt ist. Wer selbstkritisch ist, weiß: Über die Strecke eines Auftritts ist es oft überraschend, durch welche Details man sich als Zuhörer ablenken lässt. Liefern Sie Ihrem Publikum daher möglichst wenig Anlass für Ablenkung – vor allem auch nicht durch irgendwelchen Text auf der Rückseite Ihrer Unterlagen.

3.11 Sorgfältige Übung

Was braucht es, damit aus einem unscheinbaren Rohdiamanten ein funkelnder Brillant wird? Genau, den richtigen Schliff. Was braucht es, damit aus einer gut vorbereiteten Präsentation ein leuchtender Auftritt wird? Auch hier ist es der richtige Schliff. Und den erreichen Sie durch solide Übung.

Präsentationstechnik ist eine anspruchsvolle «Sportart», die durch viel Engagement erlernt und durch ständiges Üben trainiert werden muss. Eines ist klar: Selbst erfolgreiche Spitzensportler trainieren intensiv, denn ohne Fleiß kein Preis! Nur durch beständiges Training kommen Sporttalente ganz nach vorne. Und um ihre Fähigkeiten zu bewahren, müssen Sportler weiter hart an sich arbeiten.

Genau wie erfolgreiche Sportler wollen auch Sie bei Ihren Präsentationen dynamisch und überzeugend auftreten. Daher ist gewissenhaftes Üben unumgänglich. Wiederholtes Vortragen Ihrer Präsentation macht Sie sattelfest in Ihren Gedankengängen und zementiert Ihr sicheres Grundgefühl, das vor Publikum so wichtig ist für eine souveräne Wirkung. Das Sprichwort «Übung macht den Meister» trifft auf die Präsentationstechnik ganz besonders zu.

Dazu noch ein wichtiger Tipp: Stellen Sie sich beim Üben immer bereits Ihr Publikum vor. Oder noch besser vor wichtigen Einsätzen: Engagieren Sie ein, zwei Personen aus Ihrem Umfeld, die Ihnen beim Üben zuhören und zuschauen und Sie konstruktiv kritisieren. Und stoppen Sie unbedingt die Zeit, um sicherzustellen, dass Sie im «Ernstfall» auf keinen Fall überziehen. Markieren Sie Passagen, die Sie allenfalls weglassen können, wenn die Zeit plötzlich knapp wird.

Und auch wenn Üben lästig ist, gilt: Ohne Fleiß kein Preis! Und ohne Übung kein Erfolg.

Dos und Don'ts

Regelmäßiges Training

Je öfter Sie vor Publikum sprechen, desto geschickter werden Sie darin, Ihre Zuhörenden zu überzeugen, zu motivieren oder zu informieren. Weichen Sie daher Situationen nicht aus, in denen sich Ihnen die Chance bietet, vor Publikum zu sprechen – auch wenn es vielleicht nur um eine kurze Wortmeldung bei einem Meeting geht. Nehmen Sie mutig jede Gelegenheit wahr, an Ihrer Redefähigkeit zu schleifen, und freuen Sie sich über die Fortschritte, die Sie dadurch erzielen.

Verunsicherung durch Misserfolge

Lassen Sie sich durch Fehlschläge keinesfalls verunsichern. Auch Spitzensportler gewinnen nicht bei jedem Einsatz. Rechnen Sie damit, dass vor Publikum nicht immer alles ganz nach Wunsch und Plan läuft. Folgen Sie, was Feedback anbelangt, generell der 2-2-96-Regel: Nach einem Auftritt vor 100 Leuten kommen anschließend zwei Leute zu Ihnen und sagen, Sie seien der Messias. Zwei weitere Personen kommen zu Ihnen und behaupten, Ihr Auftritt sei eine totale Katastrophe gewesen. Und die restlichen 96 kommen nicht, weil sie alles ganz okay fanden. Glauben Sie weder, dass Sie der Messias sind, noch dass Ihr Auftritt eine Katastrophe war. Denn im Durchschnitt war es ja ganz okay. Und das ist es, was zählt.

3.12 Umgang mit Fragen

Vergessen Sie als Erstes den Spruch: «Es gibt keine dummen Fragen, es gibt nur dumme Antworten.» Denn es gibt sie tatsächlich, diese dummen Fragen aus dem Publikum. Es gibt sogar noch die Steigerung von dummen Fragen: Saublöde Momente, in denen dumme Fragen gestellt werden ...

Trotzdem gilt sowohl für geplante Fragerunden als auch für spontan dazwischengerufene Fragen grundsätzlich: Entwickeln Sie unbedingt eine positive Einstellung zu Fragen aus dem Publikum! Sehen Sie Fragen nicht als Bedrohung – selbst wenn es sich dabei um einen Angriff handelt. Nehmen Sie *jede* Frage möglichst freundlich auf und sehen Sie sie als Chance, mit einer guten Antwort zu punkten.

Um zu verhindern, dass ungeplante Fragen Ihr Konzept durcheinanderwirbeln, ist es ratsam, im Verlauf der einleitenden Worte dem Publikum mitzuteilen, *wann* Fragen willkommen sind. Sagen Sie beispielsweise: «Lassen Sie mich Ihnen zuerst dieses Projekt als Ganzes vorstellen. Am Ende der Präsentation beantworte ich gerne Ihre Fragen.» So wissen die Zuhörenden, dass sie ihre Fragen erst am Schluss stellen sollen und Ihr roter Faden wird nicht durch Fragen auseinandergerissen.

Und noch etwas ganz Wichtiges: Widerstehen Sie dem Drang, bei Fragen, die Sie nicht sofort beantworten können, *irgendetwas* zu sagen und sich dadurch womöglich in Ungereimtheiten zu verstricken. Haben Sie stattdessen die Größe zuzugestehen: «Das kann ich im Moment nicht sagen. Ich kläre das gerne ab und werde Ihnen die Antwort später nachliefern.» Wer so offen und ehrlich und ohne zu zögern zu seinen Wissenslücken steht, wirkt viel sympathischer als jemand, der sich mit leeren Antwortfloskeln und vagen Vermutungen um Kopf und Kragen redet.

Speziell im Umgang mit Fragen ist die PaMuHuSch-Formel besonders wertvoll: *Passion* fürs starke Engagement, das per se gut aufs Publikum wirkt. *Mut*, auch Unangenehmes beim Namen zu nennen. *Humor* für die Prise Heiterkeit, die oft hilft, Situationen zu entspannen. Und natürlich *Schlagfertigkeit* fürs kreative und schnelle Antworten.

Dos und Don'ts

Vorbereitung auf Fragen

Überlegen Sie schon bei der Vorbereitung Ihrer Präsentation, welche Fragen Ihnen gestellt werden könnten und vor allem auch, welche Fragen Ihnen auf gar keinen Fall gestellt werden dürften – denn diese kommen sowieso ... Wenn Sie sich dazu passende Antworten ausdenken, sind Sie bestens gerüstet für Ihren Einsatz.

Scharfe Konter

Lassen Sie sich niemals durch eine forsch oder zynisch gestellte Frage zu einem aggressiven Konter hinreißen. Das bringt nur schlechte Stimmung. Bleiben Sie in solchen Situationen immer freundlich und souverän. Das wird Ihr Publikum viel mehr beeindrucken als ein offen geführtes Wortgefecht. Und wo es passt, kann man auf eine unpassende Frage durchaus auch mal keck wie folgt antworten: «Die Frage ist so gut, dass ich sie nicht durch eine Antwort kaputt machen möchte.»

3.13 Zusammenfassung: 10 Erfolgsregeln für Präsentationen

Die folgenden 10 Regeln bringen Sie bei Präsentationen zum Erfolg:

1. Verpacken Sie Ihre Aussagen und Informationen möglichst attraktiv.
2. Freuen Sie sich auf Ihre Auftritte und sehen Sie diese immer als Chancen zum Erfolg.
3. Definieren Sie für jede Präsentation im Voraus ein klares und griffiges Ziel.
4. Richten Sie Ihre Präsentationen präzis an den Bedürfnissen des jeweiligen Publikums aus.
5. Reduzieren Sie Ihre Präsentationen auf das Wesentliche, damit Ihre Hauptpunkte stets klar erkennbar bleiben.
6. Starten Sie packend.
7. Liefern Sie am Ende einen markanten Schlusspunkt.
8. Reduzieren Sie bei PowerPoint-Präsentationen den Text auf das absolut notwendige Minimum.
9. Akzeptieren Sie Lampenfieber als gut gemeintes Zeichen von Ihrem Körper, dass er verstanden hat, dass es jetzt wichtig wird.
10. Sprechen Sie wichtige Präsentationen im Voraus ein paar Mal durch.

> **MERKE:**
> Starten Sie Ihre Präsentationen spannend, liefern Sie am Ende einen deutlichen Schlusspunkt und verbreiten Sie auch dazwischen keine Langeweile.

4 Meetingmethodik

In der Zeitschrift «Das Magazin»[12] wurden einmal die wichtigsten Fragen des Lebens aufgelistet. Wenig überraschend lag die Frage aller Fragen an erster Stelle, nämlich: Was ist der Sinn des Lebens? Aber schon auf Platz 9 folgte die Frage: Wie leite ich ein Meeting? Auch wenn das bestimmt augenzwinkernd gemeint war, zeigt dies, dass eine gute Meetingmethodik zum Wichtigsten im modernen Business überhaupt gehört!

Tatsächlich wird in unproduktiven Meetings unglaublich viel Zeit verschwendet. Überlegen Sie sich einmal, wieviel Zeit Sie schon in Meetings verbracht – und oftmals leider auch *vergeudet* – haben. Wir sitzen zusammengezählt Tage, Wochen oder gar Monate in Meetings und machen uns meistens nur wenig gezielte Gedanken darüber, wie wir diese Zeit optimal nutzen können.

Grundsätzlich gilt: Menschen arbeiten gerne zusammen, wollen mitbestimmen und sie möchten wissen, mit wem sie es zu tun haben. Darum sind Meetings auch im 21. Jahrhundert nach wie vor ein vorzügliches Mittel, um zu informieren, zu entscheiden, sich abzustimmen oder um Probleme zu lösen. Und was oft vergessen wird: Meetings haben auch eine wichtige soziale Funktion. Man tauscht sich aus. Man spürt sich. Man gehört dazu.

Und natürlich gelten alle in der Folge betrachteten Punkte sowohl für real als auch für virtuell geführte Meetings. Bei virtuellen Meetings ist es sogar noch wichtiger, die Tipps zu beachten, da hier die Gefahr von unbefriedigender und chaotischer Orientierungslosigkeit noch größer ist, als wenn man räumlich zusammenkommt.

Wir können und wollen auf Meetings also keinesfalls verzichten. Aber sowohl bei realen als auch bei virtuellen Meetings muss die Qualität und die Effizienz im Fokus stehen. Das führt dann auf direktem Weg zum Resultat, das John F. Kennedy wie folgt formuliert hat: «Einen Vorsprung im Leben hat, wer da anpackt, wo die anderen erst einmal reden.»

---

[12] «Das Magazin», Tamedia Verlag, Ausgabe vom 24. Dezember 2016

© Der/die Autor(en), exklusiv lizenziert an
Springer Fachmedien Wiesbaden GmbH, ein Teil von Springer Nature 2024
M. Oefner, *Souverän auftreten in der Businesskommunikation*,
https://doi.org/10.1007/978-3-658-46253-6_5

4.1 Klare Zielorientierung

Befragungen zeigen immer wieder, dass viele Arbeitnehmende von Meetings genervt sind. Und gerade auch Führungskräfte sagen, dass viele Meetings umsonst sind. Aber natürlich nicht gratis, denn der damit verbundene Produktivitätsverlust geht ganz schön ins Geld.

Darum lautet die wichtigste Frage der Meetingmethodik: Was ist das Ziel und braucht es dazu wirklich ein Meeting? Viele langweilige und unproduktive Meetings würden nicht stattfinden, wenn es alle Meetingleiter wagen würden, diese Frage zu stellen – und vor allem, wenn sie den Mut hätten, diese Frage ehrlich zu beantworten. Denn viele Aufgaben lassen sich bilateral viel besser lösen, da viele Köche den Brei am Meetingtisch oftmals verderben.

Und wenn Sie sich für die Durchführung eines Meetings entscheiden: Teilen Sie allen Beteiligten das Ziel (oder die Ziele, wenn es mehrere sind) rechtzeitig mit, damit sie sich darauf einstellen und vorbereiten können. Mit einem klaren Ziel vor Augen zeigen Menschen viel mehr Engagement, als wenn man sie in diffuser Planlosigkeit belässt.

Und auch als Teilnehmer eines Meetings sollten Sie sich stets fragen, was dabei ganz genau Ihr Ziel ist. Am besten, Sie notieren Ihr persönliches Ziel auf der Agenda oder sonst wo in Ihren Notizen. Vor jeder Wortmeldung können Sie sich fragen, ob Ihr Beitrag mit diesem Ziel zu tun hat. Wenn ja, lassen Sie hören. Wenn nein, dann ist Schweigen die bessere Option, denn wie sprach der römische Philosoph Boethius so schön: «Hättest du geschwiegen, wärest du ein Philosoph geblieben.»[13] Wahrscheinlich ist ihm dieser Spruch auch bei einem langweiligen Meeting eingefallen.

---

[13] «Trost der Philosophie», Boethius, Reclam Verlag, 1986, ISBN 978-3150031544

Dos und Don'ts

Gemeinsame Zielsetzung

Wenn immer nur der Meetingleiter die Ziele festlegt, besteht die Gefahr, dass manches im Verborgenen schwelt. Gerade bei wiederkehrenden Meetings mit demselben Team, ist es wichtig, auch bei den Teilnehmenden Themen abzuholen. Dadurch können verschiedene Perspektiven eingebracht werden und zudem wird das Miteinander gefördert.

Ziellose Meetingteilnahme

Die Lebensweisheit «Der Weg ist das Ziel» trifft keinesfalls auf Meetings zu, denn hier gilt das Motto «Das *Ziel* ist das Ziel». Und darum ist jeder, der ohne konkretes Ziel an einem Meeting teilnimmt, fehl am Platz. Am besten, Sie weigern sich konsequent, an Meetings ohne klar definiertes Ziel teilzunehmen. So sparen Sie viel Zeit. Und Nerven.

4.2 Praktisches Strukturmodell

Neben dem eindeutigen Zielfokus braucht jedes Meeting einen logischen Weg, um die gesteckten Ziele auch tatsächlich erreichen zu können. Zwar führen alle Wege nach Rom, doch zum Erreichen von Erfolgen bei Meetings gibt es nicht ganz so viele Wege. Daher ist es wichtig, dass der Leiter das Meeting durch eine klare Struktur sauber gliedert.

Als einfaches und effektives Strukturmodell, um ein Meeting zu gestalten, bietet sich dieser fünfteilige Ablauf an. Die Bereiche bauen aufeinander auf und drehen sich allesamt eng um das Ziel des Meetings. Darum ist die im vorangehenden Kapitel beschriebene Zielorientierung so wichtig. Sonst dreht sich das Meeting um nichts und das führt zu genau: nichts.

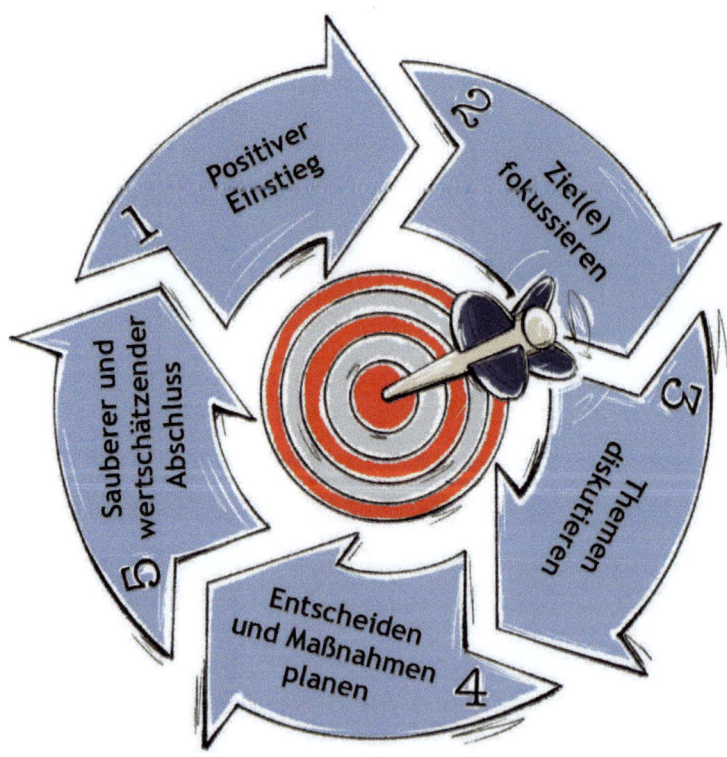

In der Folge werden die einzelnen Bereiche dieser fünfteiligen Meeting-Struktur detailliert erläutert:

1. **Positiver Einstieg**
   Der Einstieg in ein Meeting sollte *immer* freundlich und positiv sein. Und warum nicht bei wiederkehrenden Meetings mit einem kurzen Akzent starten, wie z. B. einem coolen Bild, einer interessanten Kennzahl oder einem passenden Spruch. Dadurch gewinnt man die Aufmerksamkeit der Teilnehmenden, die sonst zwar physisch anwesend sein mögen, die aber mit ihren Gedanken vielleicht noch ganz woanders rumhängen.

2. **Ziel(e) fokussieren**
   Weisen Sie hier kurz darauf hin, was im Meeting erreicht werden soll und welche Erwartungen Sie an die Teilnehmenden haben. Das gibt dem Meeting eine klare Richtung und einen eindeutigen Fokus.

3. **Themen diskutieren**
   In der zentralen Phase des Meetings werden Themen diskutiert und Informationen weitergegeben. Dabei ist die konsequente Führung durch den Leiter besonders wichtig. Achten Sie als Moderator darauf, dass *alle* Teilnehmenden zu Wort kommen, nicht nur die Extrovertierten. Erteilen Sie gezielt das Wort und hören Sie gut zu. Gehen Sie als Meetingleiter zudem mit gutem Beispiel voran und reden Sie klar und deutlich, logisch und wertschätzend. Als Teilnehmer ist es ebenfalls wichtig, sich bestimmt, nachvollziehbar sowie klar und deutlich auszudrücken. Wobei natürlich längst nicht alle zu allen Punkten per se etwas sagen müssen. Prinzipiell gilt für den Leiter wie auch für die Teilnehmenden gleichwohl: Wer spricht, bringt seine Statements kurz und bündig auf den Punkt. Das wird immer geschätzt.

4. **Entscheiden und Maßnahmen planen**
   Wo es Entscheidungen braucht, müssen diese gefällt werden. Darauf sollte der Meetingleiter entschieden hinarbeiten. Und auch wenn nicht immer alle mit den getroffenen Entscheidungen glücklich sein mögen, so ist dies immer noch besser, als wenn gar keine Entscheidungen gefällt werden und sich nur alles im Kreis dreht. Jeder diskutierte Punkt sollte klar abgeschlossen werden, und zwar nach dem Schema «Wer macht was und

bis wann?». Und die Antwort auf diese Frage muss auch unmissverständlich im Protokoll festgehalten werden. Alle Beteiligten sollten nach dem Meeting eindeutig wissen, was von ihnen bis wann erwartet wird.

5. **Sauberer und wertschätzender Abschluss**
Stellen Sie am Ende sicher, dass wirklich alle Punkte auf der Agenda abgearbeitet wurden und dass alle Informationen weitergegeben worden sind. Wenn trotz guten Willens gewisse Punkte ungelöst geblieben sind, muss doch wenigstens klar sein, was hier unternommen wird. Und dann braucht ein Meeting unbedingt einen spürbaren Schlusspunkt. Es sollte nicht einfach ausfransen, wenn scheinbar alles erledigt worden ist. Bedanken Sie sich am Ende aufrichtig bei den Teilnehmenden – das wird immer geschätzt. Und verabschieden Sie sich mit wertschätzenden und freundlichen Worten.

Bei wiederkehrenden Meetings gilt: *Nach* dem Meeting ist *vor* dem Meeting. Die Stimmung, die am Ende des Meetings herrscht, bildet den Ausgangspunkt für das folgende Treffen. Darum bildet die hier vorgestellte Meeting-Struktur eine runde Sache – im doppelten Wortsinn.

Bei dieser fünfteiligen Struktur ist es zudem ganz offensichtlich, dass alle Bereiche sauber aufeinander aufbauen müssen und dass keiner der Bereiche fehlen darf, damit sich ein stimmiges Gesamtbild ergibt. Für die Einhaltung und Verfolgung dieser Struktur ist logischerweise der Meetingleiter verantwortlich.

Je nach Ausrichtung und Zweck eines Meetings bieten sich natürlich auch andere Strukturmodelle an, um zum Ziel zu gelangen. Wichtig ist dabei vor allem, dass sich der Moderator im Voraus Gedanken darüber macht, welche Struktur er dem Meeting geben will und dass er diese Struktur während des Meetings konsequent verfolgt.

Dos und Don'ts

Wichtigkeit guter Stimmung

Entscheidend sind bei Meetings nicht nur die Inhalte und Informationen, sondern auch die Stimmung, die während und vor allem am Ende des Meetings herrscht. Davon hängt nämlich ab, wie jeder weiterarbeitet. Wer genervt aus einem Meeting kommt, arbeitet genervt weiter. Wer motiviert wurde, arbeitet motiviert weiter. Deshalb sollte nach Möglichkeit jedes Meeting zu einem positiven, stimmigen Abschluss geführt werden. Dann gehen die Teilnehmenden aufgestellt und motiviert in ihren Alltag zurück.

Fehlende Wertschätzung

Viele unterschätzen schlicht und ergreifend die enorme Kraft der Wertschätzung. Erfahrene Führungskräfte wissen, dass jemand, der sich geschätzt fühlt, grundsätzlich mehr leistet, als von ihm erwartet wird (siehe Kapitel 5.2). Wertschätzung zahlt sich in Meetings somit definitiv aus – sowohl zwischenmenschlich als auch auf die Produktivität bezogen. Und einfach mal ehrlich und aufrichtig «Danke» zu sagen, kostet nichts, bringt aber sehr viel.

4.3 Gewissenhafte Vorbereitung

Es ist paradox: Obwohl alle wissen, dass die gewissenhafte Vorbereitung das A und O für den Meetingerfolg bedeutet, werden die wenigsten Meetings wirklich gut vorbereitet. Generell nimmt man sich ganz einfach zu wenig Zeit für eine solide Vorbereitung, obwohl sich das gleich doppelt lohnt, denn das Resultat sind (viel) kürzere und (viel) effizientere Meetings.

Gerade routinierte Führungspersönlichkeiten und talentierte Kommunikatoren glauben oft, sie bräuchten dank ihren Fähigkeiten – wenn überhaupt – nicht viel Vorbereitung und könnten dann schon alles spontan aus dem Ärmel schütteln. Doch wer etwas aus dem Ärmel schütteln will, muss natürlich vorher zuerst einmal etwas reinstecken.

Also muss sich jeder auf seine Meetings vorbereiten. Denn bei der Durchführung von Meetings gibt es keine Delete-Taste. Meetings laufen immer live und unwiderruflich ab. Es gibt keine zweite Chance. Anders bei der Vorbereitung: Hier können Sie korrigieren, streichen, verbessern und ergänzen. Nutzen Sie diese Möglichkeit!

Tatsächlich können schlecht gelaufene Meetings nicht rückgängig gemacht werden. Zwar kann man hinterher versuchen, noch ein bisschen am Ergebnis herumzuschrauben. Das Bild jedoch, das ein Meetingleiter vermittelt hat, kann nicht mehr korrigiert werden. Und nach ein, zwei ineffizienten Meetings sind die Meinungen gemacht.

Doch genau das ist auch Ihre Chance: Schaffen Sie mit guter Vorbereitung die besten Voraussetzungen für überzeugende Auftritte in Meetings.

Dos und Don'ts

Vorbereitung *während* des Meetings

Wenn Sie merken, dass die Teilnehmenden (mal wieder) nicht vorbereitet zum Meeting erschienen sind, räumen Sie am Anfang fünf bis zehn Minuten zur konzentrierten Vorbereitung ein. Sagen Sie dann beim effektiven Beginn, dass Sie das nächste Mal erwarten, dass die Vorbereitung im Vorfeld erfolgt. So können Sie das aktuelle Meeting retten und gleichzeitig ein Zeichen setzen.

Mangelnde Voraussicht

Wer sich während eines Meetings von Entwicklungen und Aussagen überraschen lässt, hat oft bei der Vorbereitung zu wenig antizipiert, was alles passieren könnte. Die meisten Szenarien, wie ein Meeting verlaufen könnte und wer in etwa was sagen wird, sind im Vorfeld vorhersehbar – wenn man sich entsprechend Zeit dafür nimmt.

4.4 Konsequente Meetingleitung

Niemand hat so starken Einfluss auf das erfolgreiche Gelingen eines Meetings wie die Meetingleitung. Aufgrund dessen ist allerdings auch beim Misserfolg eines Meetings der Hauptschuldige schnell gefunden.

Tatsächlich ist ein Meeting meist so gut wie seine Leitung. Ist diese zielorientiert, strukturiert, motiviert und drückt sie sich wertschätzend aus, färbt dies im positiven Sinn auf das ganze Team ab. Auf der anderen Seite verhindert eine demotivierte Meetingleitung oft schon allein durch ihre Anwesenheit den Erfolg.

Meetings müssen unbedingt *geführt* werden. Dies gilt selbst für offiziell hierarchiefreie Meetings, denn Führung bedeutet Struktur. Darum muss eine Meetingleitung immer deutlich spürbar sein. Führung heißt aber keinesfalls Kasernenhofton oder gar Diktatur. Führen Sie mit sympathischem und freundlichem Ton und behandeln Sie alle Teilnehmenden wertschätzend – selbst wenn es um unangenehme Themen geht. Das Resultat ist eine professionelle, konstruktive und produktive Atmosphäre.

Ein Meetingleiter ist in gewissem Sinne auch immer ein Moderator. Die lateinische Wurzel *moderari* steht für regeln und lenken. Und genau das ist die Aufgabe einer Meetingleitung oder -moderation: Sie *lenkt* das Meeting in die richtige Richtung. Sie achtet beispielsweise darauf, dass *alle* mitreden, nicht nur die Lauten. Und sie hält die lästigen Vielredner konsequent im Zaum.

Folgende Eigenschaften tragen zu einer souveränen und erfolgreichen Meetingleitung bei:

- positiv und motiviert
- freundlich und gewinnend
- gut vorbereitet und strukturiert
- engagiert und zielstrebig
- pünktlich und hat Zeitmanagement im Griff

- schafft konstruktive Atmosphäre
- locker und trotzdem professionell
- kann gut zuhören und zusammenfassen
- stoppt Vielredner zügig
- behält Überblick und kühlen Kopf

Und auch wenn natürlich kein Meetingleiter all diese Eigenschaften perfekt auf sich vereinigt, können doch alle diese Eigenschaften immer wieder aufs Neue anstreben.

Dos und Don'ts

Flexibilität bei Meetingleitung

Die Meetingleitung muss Situationen unbedingt flexibel bewerten können. Je nachdem, was die Situation erfordert, muss sie geduldig abwarten oder rasch intervenieren. Und auch wenn Sie als Moderator gelegentlich in der Sache hart und entschieden auftreten müssen, bleiben Sie im Umgang mit den Teilnehmenden immer korrekt und fair. Das wird man Ihnen hoch anrechnen – wenn auch vielleicht nur hinter vorgehaltener Hand.

Laissez-faire-**Haltung**

Schreitet die Meetingleitung bei Provokationen und anderem unfairen Verhalten nicht sofort ein, muss man nicht überrascht sein, wenn sich der Raum in ein verbales Schlachtfeld verwandelt. Intervenieren Sie immer sofort und lassen Sie niemanden mit Störaktionen durchkommen.

4.5 Motivierte Teilnehmende

Ein erfolgreiches Meeting braucht *Teilnehmer*, nicht *Zuschauer*. Daher sollten nur Personen eingeladen werden, die auch tatsächlich etwas beitragen können und wollen. Es sei denn, es handelt sich um einen reinen Informationsanlass. Doch wo ein Beschluss erforderlich ist, müssen die Entscheidungsträger dabei sein. Klingt selbstverständlich, ist es in der Praxis aber leider nicht immer. Darum ist es wichtig, die richtigen Leute einzuladen und sicherzustellen, dass sie auch tatsächlich dabei sind und nicht im letzten Moment absagen.

Und niemals darf man vergessen, dass Meetings vom individuellen Arbeiten abhalten. Deshalb sollten sie nach Möglichkeit nur angesetzt werden, wenn die Teilnehmenden auch wirklich Zeit dafür haben. Langatmige Strategieworkshops, während sich die To-dos auftürmen – qualvoll und frustrierend.

Und wo es trotz Alltagsstress unumgänglich ist, ein Meeting einzuberufen, sollte dieses unbedingt so kurz und bündig wie irgend möglich gehalten werden.

Wie bereits erwähnt, steht bei einem Meeting natürlich nicht nur der Leiter in der Pflicht. Auch für die Teilnehmenden ist es wichtig, gut vorbereitet, zielorientiert und konzentriert dabei zu sein. Wer als Teilnehmer in der Lage ist, seine Anliegen kurz und prägnant vorzubringen, dem wird viel eher zugehört und vor allem auch zugestimmt als demjenigen, dessen Ausführungen sich langatmig und schwer nachvollziehbar im Kreis drehen.

Der Geistliche Franz Hengsbach sagte einmal: «Habe ich ohne wichtigen Grund ein Meeting besucht? Habe ich ohne wichtigen Grund zu einem Meeting eingeladen? Habe ich ohne wichtigen Grund durch eine Wortmeldung ein Meeting verlängert und somit mich und andere von der Familie ferngehalten? Lieber Gott, hilf mir, meinen Mund zu halten, bis ich weiß, worüber ich rede!»[14] Wie schön wäre es doch, wenn dieses Gebet öfter gesprochen würde.

---

[14] «Zeit für den Menschen», Franz Hengsbach, Sankt Augustin Verlag, 1973

Dos und Don'ts

«Ausladen» von Teilnehmenden

Gerade bei wiederkehrenden Meetings sind teilweise Personen dabei, die vielleicht einfach aus traditionellen Gründen immer wieder eingeladen werden. Fragen Sie diese Personen bilateral, ob sie bei den Meetings nach wie vor dabei sein wollen oder ob ihnen nicht auch einfach das Zustellen des Protokolls reichen würde. Und schon sind – mit etwas Glück – wieder einige Personen weniger dabei und das Meeting wird übersichtlicher und damit effizienter.

Verlockende Ablenkung

Bei realen und vor allem auch bei virtuellen Meetings merkt man immer wieder: Das Handy ist stark, und der Wille ist schwach ... Wie sicher schon jeder bei sich selbst festgestellt hat, ist die Verlockung groß, sich durch E-Mails, soziale Netzwerke, Push-Nachrichten usw. vom Inhalt eines Meetings wegtragen zu lassen. Versuchen Sie unbedingt, dem Drang nach Ablenkung zu widerstehen. Das trägt massiv zur Effizienz eines Meetings bei.

4.6 Schlanke Agenda

Kein Meeting ohne Agenda, denn die Agenda hilft dem Meetingleiter, die richtige Struktur zu definieren, und den Teilnehmenden, sich auf die einzelnen Punkte vorzubereiten. Nur bei reinen Informationsmeetings kann allenfalls auf eine Agenda verzichtet werden. Doch auch dabei ist es wichtig, dass alle im Voraus zumindest wissen, worum es in groben Zügen geht.

Gestalten Sie die Agenda schlank und übersichtlich. Das motiviert, sich vorzubereiten. Gleicht die Agenda einem Irrgarten aus einer Vielzahl von Punkten, muss man sich nicht wundern, wenn sich die Teilnehmenden schon vor dem Meeting verirren. Auf vier oder fünf logische Punkte bereitet man sich vor. Aber nicht auf vierzehn oder gar auf fünfundzwanzig.

Ist die Agenda trotz besten Absichten einmal zu umfangreich geraten, gilt das Gleiche wie nach Weihnachten und Neujahr: abspecken! Versuchen Sie, wo immer möglich, Punkte zusammenzuziehen oder gar ganz wegzulassen. Es ist schlicht und ergreifend unvernünftig, mit dem Wissen in ein Meeting zu starten, dass es aussichtslos ist, alle Punkte in der vorgegebenen Zeit behandeln zu können. Das bringt im Endeffekt nur unbefriedigende Resultate, denn selbst wenn einiges erreicht werden kann, steht dieser Teilerfolg immer den offenen Punkten gegenüber.

Ist es aufgrund von Entscheidungsflut und Umfang trotz allem bei einer Arbeitsgruppe oder in einem Großprojekt einmal nötig, sehr viele Punkte in eine Agenda zu packen, dann macht es Sinn, bereits auf der Agenda die Pausen aufzuführen und diese natürlich unbedingt auch einzuhalten. Und wer in diesen Pausen erst noch leckere Verpflegung offeriert, hält die Moral des Teams zusätzlich hoch.

Während des Meetings ist wiederum ein vernünftiges Maß an Flexibilität gefordert: Folgen Sie der Agenda, aber unterwerfen Sie sich ihr nicht. Wenn ein wichtiger Punkt etwas mehr Zeit braucht als geplant, dann lassen Sie dies zu und holen Sie die Zeit anderweitig wieder auf. Doch wenn es viel mehr Zeit braucht, vertagen Sie den Punkt besser. Deklarieren und begründen Sie Ihre Entscheidung. Und lassen Sie das Entgleisen der Agenda nicht zur Regel werden.

Dos und Don'ts

Verschlankung der Agenda

Wenn Sie Punkte wie *Begrüßung, Überblick, Zusammenfassung, Verabschiedung* usw. auf der Agenda weglassen, erscheint diese automatisch schlanker. Führen Sie nur die Punkte auf, die wirklich relevant sind fürs Meeting und vor allem für die Vorbereitung der Teilnehmenden.

Agendapunkt «Diverses»

Begriffe wie «Diverses» oder «Varia» haben auf einer Agenda nichts verloren, denn sie laden geradezu dazu ein, in einem Meeting in die Breite statt in die Tiefe zu gehen. Eine Frage zum Schluss bei einem Teammeeting wie z. B. «Gibt es noch etwas ganz Wichtiges, was alle unbedingt wissen sollten?» erzielt den weit besseren Effekt.

4.7 Straffes Zeitmanagement

Bekanntlich brauchen Dinge immer so lange, wie Zeit für sie vorhanden ist. Es zeigt sich in allen Lebensbereichen: Sachen gehen schneller, wenn weniger Zeit verfügbar ist. In Meetings beispielsweise sorgt ein knappes Zeitbudget für zügiges Abarbeiten der Agenda. Planen Sie deshalb Ihre Meetings möglichst kurz. Wenn alle im Raum wissen, dass nur wenig Zeit zur Verfügung steht, wird diese entsprechend auch besser genutzt, als wenn man vermeintlich alle Zeit der Welt hat.

Und ganz egal, wie lange ein Meeting dauern soll: Auf jeden Fall braucht jedes Meeting einen klar definierten Startzeitpunkt und unbedingt auch einen vorab festgesetzten Endzeitpunkt. Manchmal ist es zudem nützlich, die einzelnen Punkte auf der Agenda zeitlich zu budgetieren. Das gibt dem Meetingleiter ein praktisches Instrument in die Hand, um das Zeitmanagement gut zu überblicken und wenn nötig immer mal wieder ein wenig «Zwischengas» zu geben.

Einige große Firmen haben interne Meetings per Dekret auf eine maximale Länge von 45 Minuten beschränkt. Dies entspricht etwa dem durchschnittlichen Konzentrationshorizont von uns Menschen und stellt somit auch eine passende Meetingdauer dar.

Sollte trotzdem mal mehr Zeit benötigt werden, ist es wichtig, spätestens alle 45 Minuten mindestens 5 Minuten Pause zu machen, damit sich Körper und Geist wieder erfrischen können.

Und länger als zwei Stunden sollten Meetings sowieso nicht dauern, denn Kreativität und Konzentration lassen danach deutlich nach. Länger ist höchstens in Ausnahmefällen sinnvoll, wenn die Teilnehmenden von weither anreisen müssen.

Zeigen Sie generell Mut bei der Meetingdauer, denn auch bei Meetings gilt: In der Kürze liegt die Würze! Die erfolgreichsten Meetings sind oft die, für die nur 20 oder 30 Minuten zur Verfügung stehen. Zeitdruck erhöht die Produktivität und vermindert Geplapper. Probieren Sie es aus!

Dos und Don'ts

Optimale Zeitfenster

Setzen Sie Meetings nach Möglichkeit morgens zwischen 9 und 11 Uhr oder nachmittags zwischen 14 und 16 Uhr an. Vom biologischen Rhythmus der meisten Menschen her gesehen sind das die optimalen Zeitfenster für erfolgreiche Meetings. Und auch aus praktischen und sozialen Gründen macht es Sinn, Meetings dann abzuhalten.

Falscher Zeitpunkt

Wer Meetings ohne logisch nachvollziehbare Begründung oder Absprache mit den Teilnehmenden z. B. um 7 Uhr oder am Freitag um 16.30 Uhr ansetzt, beweist, dass ihm das Wohl der Teilnehmenden herzlich egal ist. Entsprechend hat man es mit wenig motivierten Anwesenden zu tun.

4.8 Mutige Entscheidungsfreude

«Um Entscheidungen zu treffen, braucht man nicht Zeit, sondern Mut.» Diese Aussage hat was, denn effektiv fehlt es oft vielmehr am Mut, nötige Entscheidungen auch tatsächlich zu treffen, als an der Zeit zum Diskutieren oder an Informationen.

Leider kommt es bei Meetings nicht selten vor, dass Dinge zwar quasi bis hinunter in die Atomstrukturen zerredet werden – aber entschieden wird dann trotzdem nichts.

Hier ist der Meetingleiter gefragt, der zunächst einmal die richtigen Leute zusammenbringen muss, sprich: die Entscheidungsträger. Und dabei gilt: Lieber ein Meeting absagen, statt ohne Entscheidungsträger zu starten, denn sonst ist der Frust bei den Anwesenden vorprogrammiert.

Anderseits muss der Meetingleiter aber auch gezielt den Moment herbeiführen, in dem Entscheidungen tatsächlich gefällt werden. Dafür muss er das Zeitmanagement gut im Griff haben. Jedem Punkt auf der Agenda sollte nur so viel Zeit beigemessen werden, wie es braucht, damit alle Fakten auf dem Tisch sind. Wenn dies mitunter etwas mehr Zeit beansprucht, als vorherzusehen war, sollte der Meetingleiter unbedingt rechtzeitig einschreiten und einen Entscheid erwirken, solange das Meeting noch läuft. Nicht dass vor lauter Diskutieren keine Zeit mehr fürs Entscheiden bleibt.

Und ist aufgrund der Faktenlage kein Entscheid möglich, sollte doch immerhin eine präzise Zwischenbilanz gezogen und im Protokoll festgehalten werden, auf der später aufgebaut werden kann.

Etwas übertrieben könnte man es so sagen: «Besser eine schlechte Entscheidung treffen als gar keine.» Leider gibt es selten *die* perfekte Entscheidung, die sich aufgrund der Fakten geradezu aufdrängt und die strahlend leuchtet wie das Licht am Ende des Tunnels. Wird ein Beschluss vertagt, wälzt man beim nächsten Treffen oft nochmals dieselben Statements – und steht am Ende vielfach wieder ohne Entscheidung da. Und täglich grüßt das Murmeltier.

Dos und Don'ts

Nachfragen bei Entscheidungsträgern

Ist die Teilnahme von Entscheidungsträgern ungewiss, fragen Sie als Meetingleiter diese «Wackelkandidaten» kurz vorher an, ob sie definitiv dabei sind oder nicht. Und wenn Schlüsselpersonen nicht kommen können, dann vertagen Sie das Meeting. Damit vermeiden Sie zum Scheitern verurteilte Meetings.

Gut gemeinte Entschuldigungen

Wer sich am Ende des Meetings bei den «Verlierern» einer getroffenen Entscheidung entschuldigt und alle um Verständnis für die gefällten Entscheidungen bittet, tritt oft gleich nochmals eine Diskussion los. Verzichten Sie daher auf rührselige Bemerkungen, die niemandem etwas bringen, sondern schließen Sie das Meeting professionell und entschlossen ab.

4.9 Aussagekräftiges Protokoll

Leider neigen Menschen dazu, eben Diskutiertes mit dem Schritt durch den Türrahmen oder dem Verlassen des virtuellen Meetingraums wieder zu vergessen. Und selbst Dinge, die sich im Moment der Diskussion ganz deutlich ins Gedächtnis einzugraben scheinen, verflüchtigen sich im hektischen Alltag rasch zu diffusen Erinnerungsfetzen. Daher ist es wichtig, die Beschlüsse eines Meetings sauber zu protokollieren und auf diese Weise schriftlich festzuhalten.

Meistens ist ein kurzes, knappes Beschluss- oder Ergebnisprotokoll ausreichend, um den Output eines Meetings verbindlich zu sichern. Dabei sollte man sich vom Motto «Wer macht was und bis wann?» leiten lassen. Das bringt die eindeutige Klarheit, welche die ideale Basis für die Umsetzung, die weitere Zusammenarbeit und auch für ein nächstes Meeting bildet.

Wenn möglich, sollte das Protokoll den Teilnehmenden innerhalb von drei Arbeitstagen zur Verfügung gestellt werden. So können die Mitwirkenden noch innerhalb nützlicher Frist intervenieren, wenn sie eine Ungereimtheit feststellen oder wenn in ihren Augen etwas Wichtiges fehlt.

Verzichten Sie darauf, bei Meetings am Anfang das letzte Protokoll nochmals durchzugehen. Stellen Sie als Meetingleiter höchstens sicher, dass die Teilnehmenden kurz an offene Pflichten aus dem letzten Protokoll erinnert werden. So sparen Sie Zeit und Sie verlieren sich nicht schon am Anfang eines Meetings in unnötigen Diskussionen.

Bei virtuellen Meetings bietet sich je nach dem übrigens auch die Möglichkeit, das Protokoll direkt in der Chatspalte des Meetings zu führen und den Chatinhalt abzuspeichern. Gerade bei inoffizielleren Besprechungen ist das eine gute und vor allem zeitsparende Möglichkeit, um Details und Entscheidungen festzuhalten.

Und jetzt noch ein nicht ganz ernst gemeinter Trick zum Protokoll: Wer zu Beginn eines Meetings für Ruhe sorgen will, muss einfach fragen, wer das Protokoll schreiben will.

Dos und Don'ts

Protokollieren von heiklen Punkten

Machen Sie als Meetingleiter bei heiklen Punkten während des Meetings konkrete Vorschläge, wie diese im Protokoll festgehalten werden sollen und stellen Sie Ihre Formulierungen noch im Meeting zur Debatte. So können Sie das Feintuning von Entscheidungen vornehmen, ohne dass Sie nach dem Versenden des Protokolls mühsam Differenzen bereinigen müssen.

Moderieren *und* protokollieren

Ist der Meetingleiter gleichzeitig Protokollführer, ist die Überforderung oft komplett, denn bekanntlich ist Multitasking die Fähigkeit, alles gleichzeitig zu vermasseln. Ein Meeting souverän zu leiten ist anspruchsvoll. Ein präzises Protokoll zu schreiben ebenfalls. Wer sich beides gleichzeitig zutraut, übernimmt sich meistens. Sollte es aber trotz gutem Willen erforderlich sein, dass Sie sich als Meetingleiter auch noch ums Schreiben des Protokolls kümmern müssen, dann nehmen Sie sich die Zeit, während des Meetings die Beschlüsse korrekt festzuhalten und sorgen Sie dafür, dass nicht weiterdiskutiert wird, während Sie mit Schreiben beschäftigt sind.

4.10 Vernünftige Regeln

Wo Leute erfolgreich zusammenarbeiten wollen, braucht es gewisse Leitplanken, um maximale Resultate erreichen zu können. Das gilt auch für Meetings.

Die wichtigste Regel gleich vorweg: Das Einzige, was während Meetings schlafen sollte, ist das Handy. Damit es dabei schön ungestört im Dunkeln schlummern kann, bleibt es am besten gleich in der Tasche, denn praktisch bei allen Menschen verfällt die Neugier augenblicklich dem verführerischen Aufblitzen einer neuen Meldung auf dem Handy-Display. Und selbstverständlich gehen Meetingleiter beim Wegstecken des Mobiltelefons mit gutem Beispiel voran.

Auch Laptops und Tablets können mitunter die Konzentration der Teilnehmenden auf die Meetinginhalte massiv untergraben. Diese aus Meetings zu verbannen, ist allerdings wenig sinnvoll, da sie oft als Arbeitsinstrumente während des Meetings benötigt werden. Hier bleibt nichts anderes übrig, als dass alle Beteiligten die nötige Selbstdisziplin aufbringen und nicht den Geist durch E-Mails und Newsfeeds aus dem Meeting entführen zu lassen.

Schreiten Sie als Meetingleiter bei unfairem oder unpassendem Verhalten wie Dominanzgebaren, persönlichen Angriffen oder unangemessener Ausdrucksweise sofort ein. Am besten, Sie fallen ins Wort, mahnen zur Sachlichkeit, erteilen einem anderen Teilnehmer das Wort oder gehen gleich zum nächsten Thema über.

Ein Meeting darf auch niemals ein Forum für individuelle Kritik sein. Lösen Sie zwischenmenschliche Knoten unbedingt bilateral *nach* dem Meeting oder allenfalls in einer Pause.

Noch etwas: Starten Sie Meetings immer pünktlich. Und schließen Sie auch immer pünktlich ab. Das ist das beste Gegenmittel, um der allfälligen Unpünktlichkeit von Teilnehmenden entgegenzuwirken. Denn Pünktlichkeit ist nicht nur die Höflichkeit der Könige, sondern auch von allen Meetingteilnehmenden.

Dos und Don'ts

 Getränke und Verpflegung

Sorgen Sie bei Meetings immer für genügend Getränke. Vor allem frisches Wasser hilft, gute Gedanken freizuspülen. Essen gehört jedoch nicht auf den Tisch, außer natürlich, es handelt sich ausdrücklich um ein Breakfast- oder Lunch-Meeting. Bei langen Meetings ist es aber sicher eine gute Idee, eine etwas längere Essenspause einzuplanen. Sorgen Sie dabei für hochwertige Verpflegung. Das wirkt sich positiv auf die Motivation der Teilnehmenden aus.

 Pathetische Verkündung der Meetingregeln

Zu Beginn eines Meetings Regeln zu verkünden, erinnert sehr an überambitionierte Sozialpädagogen und bringt «Meetingterroristen» erst recht auf Ideen, wie sie das Meeting stören können. Gehen Sie zuversichtlich davon aus, dass Sie es mit Erwachsenen zu tun haben und dass sich diese auch entsprechend verhalten. Wenn nötig, können Sie allgemeine Dinge, die sich ändern sollen, auf der Einladung fürs nächste Meeting kurz ansprechen. Das ist definitiv erfolgsversprechender als zu Beginn wie Moses aufzutreten, als er die Zehn Gebote verlas.

4.11 Meetingterroristen stoppen

Bedauerlicherweise gilt: In jedem Meeting kann ein «Terrorist» lauern, der durch sein Verhalten das Meeting stört. Diese Meetingterroristen erscheinen in den verschiedensten Ausprägungen: Mal als selbstverliebte Vielredner, die sich zu allem und jedem ausführlich zu Wort melden, mal als destruktive Zyniker, die Themen, Haltungen oder schlimmer noch, andere Teilnehmende lächerlich machen. Und leider gibt es noch eine ganze Menge anderer Fehlverhalten, mit denen Meetings sabotiert werden. Die meisten können davon wohl ein Lied singen.

Um Meetingterroristen in Schach zu halten, gibt es vor allem *ein* wirkungsvolles Gegenmittel: Der Moderator muss frühzeitig und entschieden einschreiten. Oder man hofft auf ein Wunder, damit sich das Problem von allein löst. Aber bekanntlich sind Wunder eher selten.

Den lästigen Vielrednern fallen Sie als Leiter konsequent ins Wort und bitten sie, sich kurz zu fassen oder am besten, Sie fassen den Wortschwall des Vielredners mit einem knappen Satz gleich selbst zusammen. Dann erteilen Sie das Wort einem anderen Teilnehmenden oder führen den nächsten Punkt ein. Dieses Vorgehen mag zwar dem Vielredner gegenüber unfreundlich erscheinen, aber das Nicht-Eingreifen ist unfreundlich allen anderen Teilnehmenden gegenüber.

Einen destruktiven Zyniker sprechen Sie als Leiter in einer Pause oder nach dem Meeting unter vier Augen an. Appellieren Sie an die Vernunft und bitten Sie ihn eindringlich, künftig tunlichst auf Störmanöver zu verzichten.

Und lassen Sie sich mit Meetingterroristen niemals auf Diskussionen über ihr Verhalten ein, denn auch hier gilt: Mit Terroristen verhandelt man nicht.

Dos und Don'ts

Sitzordnung bei Herausforderungen

Wenn Sie als Meetingleiter die Möglichkeit haben, dann setzen Sie sich möglichst in die Nähe von Störenfrieden, Vielrednern und ähnlichen Meetingterroristen oder am besten direkt daneben. So bleiben Sie im Blick der anderen Teilnehmenden, selbst wenn die Terroristen in Aktion treten. Sitzen diese weit weg von Ihnen, wird es schwieriger, die Worthoheit wieder zurückzuerobern.

Zögerliches Eingreifen

Je länger man als Meetingleiter beim Auftauchen von Meetingterroristen mit Eingreifen wartet, desto schwieriger wird es, die Lage wieder in den Griff zu bekommen. Gerade bei Vielrednern gilt: Es gibt für den Leiter nur *einen* Anlauf zum Eingreifen und der muss von Erfolg gekrönt sein. Sprechen Sie, wo nötig, einen Moment lang parallel zum Vielredner, bis dieser einknickt. Und zur Not können Sie kurz die Stopphand zeigen. Das verwirrt selbst den penetrantesten Vielredner für einen Augenblick, den Sie dann konsequent nutzen, um ihm ins Wort zu fallen und wieder zu übernehmen.

4.12 Passende Raumgestaltung

Die Ausstrahlung und Gestaltung eines Raums formen auch die Gedanken, die darin entstehen. Darum ist es nicht nur wichtig, die richtigen Leute mit dem richtigen Ziel, der richtigen Struktur und den richtigen Themen zusammenzuführen. Auch der richtige Raum ist entscheidend für den optimalen Meetingerfolg.

So, wie ein Wohnzimmer viel über dessen Bewohner aussagt, so sagt auch ein Meetingzimmer viel über eine Firma oder Organisation aus. Wählen Sie daher für Ihre Meetings nach Möglichkeit einen passenden Raum. Was passend ist, hängt dabei natürlich stark vom Meetingtyp und von der Unternehmenskultur ab. Für das Teammeeting eines hippen Start-ups mag das eine bequeme Sofaecke sein. Für das Meeting der Geschäftsleitung einer altehrwürdigen Versicherungsgesellschaft eher nicht.

Ganz wichtig: Der Raum sollte eine angenehme Atmosphäre bieten, in der man sich wohlfühlt. Und auch die Teilnehmerzahl sollte angemessen sein. Die passende Gruppengröße hängt natürlich auch wieder vom Meetingtyp ab. Ist Interaktion gewünscht und gefordert, wird es spätestens ab einem Dutzend Teilnehmenden schwierig. Für reine Informationssitzungen hingegen gibt es praktisch keine Obergrenze.

Auch die Position des Moderators ist nicht unwesentlich: Bei einem eckigen Tisch kann er an der Stirnseite stark und intensiv auf das Meeting einwirken, wohingegen die Position auf der Längsseite den Teamgedanken fördert. Je nach Teilnehmerkreis und Ziel ist die eine oder die andere Variante sinnvoller.

Ein runder oder ovaler Tisch betont das Zusammengehörigkeitsgefühl und das Miteinander. Schon die sogenannten «Ritter der Tafel*runde*» um den legendären König Artus waren sich der Symbolik eines runden Tischs bewusst. Es kommt auch nicht von ungefähr, dass ein Treffen am «runden Tisch» als Synonym für Konsenswillen und Krisenbewältigung steht.

Ob am runden oder am eckigen Tisch ist es in Meetings aber auf alle Fälle wichtig, um die Ecke zu denken.

Dos und Don'ts

Stehen statt sitzen

Warum nicht mal ein Meeting im Stehen durchführen? Gemäß Studien dauern Meetings im Stehen weniger lang als im Sitzen, sind aber nicht weniger effizient. Vor allem für interne Meetings im kleinen Rahmen ist eine Stehrunde eine gute Alternative zum klassischen Sitzen.

Virtuell statt real bei wichtigen Meetings

Virtuelle Meetings haben den Vorteil, dass Sie ohne viel Aufwand einberufen werden können und auch über große Entfernungen hinweg funktionieren. Denken Sie allerdings daran, dass Bildschirm-Meetings für die Beteiligten wesentlich unpersönlicher und distanzierter ablaufen. Halten Sie daher wichtige Meetings nach Möglichkeit immer real statt virtuell ab. Gerade bei heiklen Inhalten könnte man dazu tendieren, die Teilnehmenden in einem virtuellen Meeting etwas auf Distanz zu halten. So verlockend die virtuelle Schiene für solche Fälle auch erscheinen mag: Stellen Sie sich den Teilnehmenden nach Möglichkeit direkt in einem realen Meeting. Das ist definitiv erfolgsversprechender, denn wie bereits mehrfach betont sind Persönlichkeit und Emotionen sehr wichtige Kommunikationsfaktoren, die sich nun mal schlecht digitalisieren lassen.

4.13 Zusammenfassung: 10 Erfolgsregeln für die Meetingmethodik

Die folgenden 10 Regeln bringen Sie bei Meetings zum Erfolg:

1. Richten Sie jedes Meeting auf ein klares Ziel aus.
2. Gestalten Sie Ihre Meetings nach einer logischen Struktur.
3. Laden Sie nur Personen zu Meetings ein, die auch wirklich etwas zu deren Erfolg beitragen können.
4. Halten Sie die Agenda schlank und übersichtlich.
5. Bereiten Sie sich auf *jedes* Meeting vor – selbst wenn Sie «nur» Teilnehmer sind.
6. Führen Sie Ihre Meetings motiviert, engagiert und zielstrebig.
7. Fassen Sie sich möglichst kurz und prägnant.
8. Haben Sie den Mut, Entscheidungen auch gegen Widerstand zu treffen.
9. Protokollieren Sie nach dem Motto «Wer macht was und bis wann?».
10. Stoppen Sie Vielredner und andere Meetingterroristen *sofort*.

Zusammenfassung: 10 Erfolgsregeln für die Meetingmethodik

> **MERKE:**
> Kurze Meetings mit eindeutigem Ziel und klarer Struktur bringen die besten Ergebnisse.

5 Führungskommunikation

Ein Teamleader ist immer oberster Klimabeauftragter: Je besser das Klima in einem Team, in einer Organisation oder in einer Firma, umso motivierter und produktiver wird gearbeitet. Und im Prinzip ist es ganz einfach: Wissen alle, *was* sie *wie* zu tun haben und vor allem auch, *warum* sie es tun sollen, ist die Grundvoraussetzung für ein angenehmes Arbeitsklima geschaffen. Wird darüber hinaus noch ein wertschätzender und konstruktiver Austausch gepflegt, steht der erfolgreichen Zusammenarbeit nichts im Weg.

Doch wie so oft sind die simpelsten Prinzipien am schwierigsten umzusetzen. Wer sich bei Firmen umhört, stellt schnell fest, dass in vielen Unternehmen einer der größten Klimakiller wütet, nämlich unklare oder gar fehlende Kommunikation. Tatsächlich wird mancherorts zwischen dem Management und dem Rest des Teams nicht deutlich und transparent genug kommuniziert. Oder die Kommunikation ist nur einseitig. Das Resultat sind Leerläufe und Frustration, was beides eine Menge Geld kostet.

Viele Führungskräfte scheinen die folgende Gesetzmäßigkeit zu übersehen: «Gedacht heißt nicht immer gesagt, gesagt heißt nicht immer richtig gehört, gehört heißt nicht immer richtig verstanden, verstanden heißt nicht immer einverstanden, einverstanden heißt nicht immer angewendet, angewendet heißt noch lange nicht beibehalten.»

Das zeigt deutlich, dass Kommunikation wohl das wichtigste Führungsinstrument überhaupt ist.

Haben Sie selbst eine Führungsfunktion inne? Dann denken Sie bitte immer daran, dass Sie nicht in erster Linie Projekte, eine Abteilung, einen Geschäftszweig oder gar eine ganze Firma oder Organisation führen, sondern *Menschen*. Wer Menschen mag, ist in einer Führungsfunktion deshalb klar im Vorteil. Führung ohne Interesse an Menschen ist wie Schwimmen ohne Wasser: Das entscheidende Element fehlt.

Sorgen Sie also als oberster Klimabeauftragter Ihres Teams für eine gute und konstruktive Stimmung, denn Stimmung ist schlussendlich wichtiger als Kapital und Wissen.

© Der/die Autor(en), exklusiv lizenziert an
Springer Fachmedien Wiesbaden GmbH, ein Teil von Springer Nature 2024
M. Oefner, *Souverän auftreten in der Businesskommunikation*,
https://doi.org/10.1007/978-3-658-46253-6_6

5.1 Motivator, Vorbild und Vertrauter

Wer etwas leisten will, muss fröhlich sein. Natürlich: Es geht auch verbissen. Aber dann macht es definitiv weniger Freude. Weder einem selbst noch seinem Umfeld. Eine gute Führungsperson geht daher als **Motivator** voran und achtet stets auf eine positive, motivierende Ausstrahlung.

Emotionen sind ansteckend. Eine positive Ausstrahlung färbt automatisch auf das Umfeld ab und führt zu einem besseren Klima im Team, was sich wiederum positiv auf die Produktivität auswirkt.

Versuchen Sie als Führungsperson, folgenden Grundsatz anzuwenden: Wenn es gut läuft, seien Sie freundlich. Wenn es schlecht läuft, seien Sie freundlich. Wenn Sie verärgert sind, seien Sie freundlich. Wenn Sie unsicher sind, seien Sie freundlich. Wenn Sie enttäuscht sind, seien Sie freundlich. Seien Sie immer freundlich. Auch wenn niemand hinschaut.

Das wird Ihnen Sympathie und Respekt einbringen, was für Sie als Leader beides sehr nützlich ist. Dadurch taugen Sie auch gleich als gutes **Vorbild**. Bekanntlich sind Führungspersonen immer Vorbilder – manchmal eben leider auch schlechte.

Interessanterweise bringt man Menschen viel leichter durch ein nachahmenswertes Vorbild voran als durch Kritik. Versuchen Sie daher unbedingt, das, was Sie von Ihrem Team fordern, selbst vorzuleben. Damit ersparen Sie sich viele unnötige und lästige Diskussionen.

Und seien Sie auch ein **Vertrauter**. Das ist bestimmt etwas schwieriger, wenn Sie ein großes Team führen. Aber pflegen Sie auch dann keine abgehobene Aura, sondern geben Sie sich nahbar.

Haben Sie stets ein offenes Ohr für die Anliegen von allen in Ihrem Team. Auch wenn es bisweilen unangenehm ist: Nehmen Sie Kritik ernst. Bestimmt wird man als Verantwortungsträger nicht alles verstehen, geschweige denn umsetzen können, was einem zugetragen wird. Trotzdem gilt immer das Motto: Zeigen Sie Verständnis. Denn wer sich verstanden fühlt, ist mit seinem Umfeld im Reinen und kann sich aufs Wesentliche konzentrieren, nämlich auf die Arbeit.

Dos und Don'ts

Eine optimistische Haltung pflegen

Optimismus hat nichts mit Glück oder Pech zu tun, er gründet vielmehr auf einer positiven Grundeinstellung. Pessimismus hingegen verdirbt nicht nur die gute Laune, er ist oft ganz einfach auch Zeitverschwendung, weil die Dramen, vor denen man sich fürchtet, meistens gar nicht eintreffen. Heute ist bekanntlich das Morgen, über das wir uns gestern Sorgen gemacht haben. Wer mit gesundem Realitätsbezug bewusst auf eine optimistische Haltung achtet, wirkt positiv auf sein Umfeld, was wiederum positive Resultate begünstigt. Stoßen Sie also in Ihrem Team mit einer zuversichtlichen Haltung eine optimistische Kettenreaktion an.

Angst vor zu viel Nähe

Viele Vorgesetzte treibt die unterschwellige Angst um, dass sich zu viel Nähe zu den Mitarbeitenden negativ auswirken könnte. Sie befürchten, die professionelle Distanz zu verlieren und beeinflussbar zu werden. Ohne Nähe kann jedoch kein Vertrauen entstehen, und ohne Vertrauen ist kein starkes Miteinander möglich. Wer sich selbst nicht zu wichtig nimmt, wird gerade als Vorgesetzter auf vertraute Menschlichkeit achten, was wiederum den Teamgeist fördert.

5.2 Offen kommunizierte Wertschätzung

Was ist das Wertvollste in einem Team? Genau, es sind die Menschen! Im Wort Wertschätzung ist das Wort «Schatz» verborgen. Und zwar einer mit offensichtlich großem Wert. Wichtig ist dabei, dass diese Wertschätzung nicht versteckt bleibt, sondern dass alle im Team auch erfahren, dass sie zu einem wertvollen Schatz gehören.

Tatsächlich ist es einer der häufigsten Managementfehler, dass die starke Kraft der Wertschätzung unterschätzt wird. Gerade, wenn es darum geht, Leute zu binden, ist Wertschätzung einer der zentralen Aspekte. Natürlich spielen Lohn und Rahmenbedingungen auch eine wichtige Rolle. Doch wo man sich wertgeschätzt fühlt, braucht es viel mehr, bis man sich löst, als wenn man das Gefühl hat, bloß eine austauschbare Nummer zu sein.

Gehen Sie daher als Vorgesetzter verschwenderisch mit Lob um. Wie heißt es so schön: Loben zieht nach oben. Loben Sie, wo immer Sie können. Und bedanken Sie sich, wo immer Sie können. Zeigen Sie dadurch, dass Einsatzwille und gute Arbeit für Sie keine Selbstverständlichkeiten sind.

Es lässt sich beobachten, dass in Teams, in denen Worter wie «Danke» und «Bitte» nicht vom Aussterben bedroht sind, bessere Stimmung herrscht. Gehen Sie daher als Führungskraft auch hier mit gutem Beispiel voran und lassen Sie hören, dass Ihnen gute Umgangsformen wichtig sind.

Interessieren Sie sich für Ihre Leute. Aber nicht erst, wenn es darum geht, herauszufinden, wer für einen Fehler verantwortlich ist. Unterhalten Sie sich mit Ihren Mitarbeitenden. Nehmen Sie sich Zeit für ihre Anliegen. Hören Sie zu.

Studien zeigen, dass Wertschätzung auch beim Faktor «Produktivität» eine wichtige Rolle spielt. Leute, die geschätzt werden und das spüren und hören, leisten erwiesenermaßen mehr.

Der Nutzen der Wertschätzung ist also unbestritten: Sie steigert die Produktivität, verbessert das Arbeitsklima, erhöht den Einsatzwillen und fördert Loyalität. Und das Beste daran: Wertschätzung ist kostenlos und kann überall hin geliefert werden.

Dos und Don'ts

Jeden Tag jemanden besonders loben

Entwickeln Sie ein Gespür für Situationen, in denen Sie großzügig Lob spenden können. Setzen Sie sich zum Ziel, jeden Tag jemanden in Ihrem Team, Ihrer Organisation oder Ihrer Firma besonders zu loben. Sie werden rasch feststellen, dass sich Ihre Lobspendenfreudigkeit bezahlt macht, und zwar durch gute Stimmung und (noch) mehr Motivation in Ihrem Umfeld.

Wertschätzung nur denken

Aus Bayern kennt man die Redewendung «Ned gschimpft isch globt gnua!», was so viel bedeutet wie «Nicht geschimpft ist genug gelobt». Aber in Bayern und auch anderswo gilt: Nicht gelobt ist nicht gelobt. Und nur *gedachtes* Lob ist eben auch immer noch kein Lob. Darum: Wenn sich Ihnen die Möglichkeit für ein Lob bietet, nutzen Sie die Gelegenheit und loben Sie laut und deutlich.

5.3 Richtiges Zuhören

Erinnern Sie sich, wann Sie zuletzt jemandem in Ihrem Team wirklich zugehört haben? Ohne ihn zu unterbrechen. Bis er wirklich ausgeredet hatte. Wenn Sie sich nicht erinnern können, haben Sie beim Zuhören wohl noch etwas Luft nach oben.

Der Wert des Zuhörens ist unbestritten. Zunächst ist Zuhören eine der besten Arten, um Wertschätzung zu zeigen. Und dann bedeutet Kommunikation ja nicht, dass man permanent auf Sendung ist. Solange man selbst redet, erfährt man logischerweise nichts Neues. Wer jedoch seinen Mitarbeitenden, Kunden, Auftraggebern usw. aufmerksam zuhört, dem werden neue Perspektiven aufgezeigt. Und das hat bekanntlich noch keinem geschadet – ganz im Gegenteil.

Gerade bei heiklen Gesprächen ist es wichtig, nicht mit «geladener Waffe» zuzuhören und sich während des Zuhörens dauernd zu überlegen, welche Gegenargumente man reinschießen könnte. Lassen Sie Ihre Gesprächspartner ausreden. Hören Sie – wo sinnvoll und möglich – bis ganz zum Schluss zu. Sprechen Sie erst wieder, wenn das wirklich von Ihnen erwartet wird. Dadurch nehmen Sie die Gegenseite ernst und zeigen Respekt vor ihren Bedürfnissen.

Denken Sie daran: Wer zuhört, dem wird ebenfalls zugehört. Und für eine Führungsperson ist es sehr wichtig, dass ihr zugehört wird.

Für richtiges Zuhören bedarf es keiner speziellen Technik oder gar eines psychologischen Konzepts. Man muss es ganz einfach *tun*. Aufmerksames Zuhören sieht bei jedem ein bisschen anders aus: Manche nicken dabei hin und wieder. Andere bestätigen Aufmerksamkeit akustisch z. B. durch ein «Aha» oder ein «Okay», das sie hin und wieder unauffällig einstreuen. Und wieder andere hören einfach laut- und regungslos zu. So oder so ist für die andere Seite immer deutlich spürbar, ob jemand *wirklich* zuhört.

Der griechische Philosoph Zenon von Elea meinte: «Die Natur hat uns nur *einen* Mund, aber *zwei* Ohren gegeben, was darauf hindeutet, dass wir weniger sprechen und mehr zuhören sollten.» Nutzen Sie daher als Führungsperson beide Ohren in Gesprächen!

Dos und Don'ts

Beim Zuhören Ruhe aushalten

Es darf beim Zuhören auch mal ganz ruhig sein. Vielleicht spüren Sie, dass die andere Seite noch etwas Wichtiges sagen möchte. Halten Sie die Stille aus, während Ihr Gesprächspartner nachdenkt. Gerade wenn es um wichtige Themen geht, ist es entscheidend, dass wirklich *alles* gesagt wird. Das kann bisweilen etwas Zeit in Anspruch nehmen. Haben Sie Geduld und sagen Sie erst wieder etwas, wenn Sie merken, dass Ihr Wort wieder gefragt ist.

Pseudo-Zuhören

Wir haben ein feines Gespür dafür, ob uns jemand nur aus Anstand «abhört», oder ob jemand *wirklich* zuhört. Dieses Pseudo-Zuhören bringt niemand etwas: Ihnen als Führungsperson bringt es nichts, weil sie nichts erfahren und es trotzdem Zeit kostet und dem Gegenüber bringt es nichts, weil er nicht gehört und schon gar nicht verstanden wird. Wie beschäftigt oder gestresst Sie auch sein mögen: Hören Sie effektiv zu, ohne sich dabei in Gedanken mit Ihrer To-do-Liste, der Ferienplanung oder mit was auch immer zu beschäftigen.

5.4 Wirksames Teambuilding

Der Wert eines starken Teams kann gar nicht genügend betont werden. Und keine Angst, man muss sich nicht miteinander tosende Wasserfälle hinunterstürzen oder zusammen barfuß sengende Wüsten durchqueren, um sich über ein gut funktionierendes Team freuen zu können.

Der ehemalige NASA-Wissenschaftsdirektor Thomas Zurbuchen sagte: «Für den Erfolg einer Mission ist das Team wichtiger als die Technik.»[15] Und auch wenn Sie wohl nicht gleich zum Mond oder gar zum Mars fliegen wollen, brauchen Sie ein gut abgestimmtes, schlagkräftiges und harmonisches Team.

Um das zu erreichen, müssen Sie als *Führungs*person auch wirklich eine klare *Führungs*rolle übernehmen. Teams funktionieren nur, wenn der Captain die Verantwortung sowie Koordination übernimmt und das große Ganze überblickt.

Pflegen Sie als Führungsperson einen guten Austausch mit allen Teammitgliedern. Regelmäßiger Kontakt und stetiger Informationsfluss sind essenziell für eine leistungsfähige Gruppe. Alle müssen immer möglichst genau wissen, wer was macht, wer welche Verantwortung trägt, wer einen bei Fragen unterstützt usw. Binden Sie Ihr Team aktiv in Entscheidungsprozesse mit ein. So fühlen sich alle wichtig und mitverantwortlich.

Nehmen Sie sich auch immer Zeit für die Anliegen Ihrer Mitarbeitenden. Und das unabhängig von Terminstress und der eigenen Befindlichkeit. Und eben: Hören Sie zu. Versuchen Sie zu verstehen. Das zeigt nicht nur Interesse und Wertschätzung, sondern es fördert auch den Teamgedanken.

Seien Sie zudem großzügig, wo immer möglich. Mit Dank und Lob, aber natürlich auch mit Taten. Gönnen Sie Ihrem Team immer mal wieder etwas, was den Zusammenhalt und die Motivation fördert: Spendieren Sie eine Pausenverpflegung, organisieren Sie ein gemeinsames Mittagessen oder einen Teamausflug. Solche Aktionen wirken oft Wunder.

---

[15] «Schweizer Illustrierte», Ringier Axel Springer Schweiz, Ausgabe 3. Februar 2023

Dos und Don'ts

Leute (generell) mit Namen ansprechen

Mag sein, dass Sie kein ausgeprägtes Namensgedächtnis haben. Versuchen Sie trotzdem, sich möglichst viele Namen zu merken. Im eigenen Unternehmen und Team natürlich sowieso. Doch am besten bemühen Sie sich, alle Menschen, mit denen Sie in irgendeiner Weise zu tun haben, mit Namen anzusprechen. Und freuen Sie sich darüber, wenn sich die Augen des Gesprächspartners aufhellen, weil Sie sich die Mühe gemacht haben, ihn mit Namen anzusprechen.

Bitte kein Mikromanagement!

Mikromanagement ist einer der größten Klassiker, wenn es um das demotivierende Verhalten von Führungskräften geht. Der Mikromanager delegiert zwar großzügig, kontrolliert aber immer alles bis ins letzte Detail und ist permanent im peniblen Überwachungsmodus. Solche «Stasi-Methoden» frustrieren nicht nur, sie verhindern auch, dass sich ein motiviertes, starkes Team entwickelt. Lassen Sie Ihrem Team unbedingt genügend Freiraum. Freuen Sie sich über Erfolge, die Ihr Team auf diese Weise erreicht, und helfen Sie großzügig und ohne Vorwürfe zu machen, wenn mal etwas schief geht.

5.5 Positive Fehlerkultur

Formulierungen wie «offene Fehlerkultur» oder «modernes Fehlermanagement» tauchen in so manchen Organisationsleitsätzen auf. Im Arbeitsalltag sieht der Umgang mit Fehlern dann oft nicht ganz so entspannt aus.

Irren ist bekanntlich menschlich und wo gehobelt wird, fallen Späne. Fehler sind fester Bestandteil von jedem Unternehmen, denn nur wo *nicht* gearbeitet wird, passieren keine Fehler. Entscheidend ist somit der Umgang mit Fehlern.

Führungskräfte können durch passende Kommunikation viel zu einer positiven Fehlerkultur beitragen, bei der niemand Angst davor haben muss, zu Fehlern zu stehen. Denn Angst führt zu Risikovermeidung und blockiert innovatives Denken und Handeln.

Das Wichtigste für Sie als Führungsperson ist, cool zu bleiben, wenn Sie von Fehlern erfahren. So sehr Sie sich innerlich über einen Fehler ärgern mögen: Verzichten Sie auf emotionale Schuldzuweisungen und bleiben Sie positiv. Bedanken Sie sich, wenn Mitarbeitende zu ihren Fehlern stehen und damit Verantwortung für ihr Tun übernehmen. Kommunizieren Sie, dass Fehler immer auch eine Chance sind, um Prozesse zu optimieren.

In einer motivierenden Arbeitsatmosphäre haben Mitarbeitende das Gefühl, offen und ehrlich über Fehler reden zu können, ohne gleich unter Druck zu geraten. Signalisieren Sie Ihrem Team, dass der Versuch, Fehler zu vertuschen, ein viel größerer Vertrauensbruch ist, als wenn etwas schief geht.

Etablieren Sie in Ihrer Organisation also eine positive Fehlerkultur. Unterstützen Sie die Sichtweise, dass Fehler oft die Zwischenstation zum Erfolg sind. Begreifen Sie Fehler als Lernchance. Bieten Sie Hand, wo Fehler passiert sind, um Lösungen zu finden. Und fördern Sie generell den Austausch im Team, um Fehler möglichst zu verhindern. Sprechen Sie nicht erst über Böcke, wenn diese geschossen worden sind, sondern sorgen Sie für ein gesundes Qualitätsbewusstsein, indem Sie Risiken und Gefahren regelmäßig thematisieren.

Übrigens: Das Wort *Fehler* besteht aus den gleichen Buchstaben wie das Wort *Helfer*. Mit einer positiven Fehlerkultur, die ihrerseits auf einer konstruktiven Vertrauenskultur basiert, können Fehler effektiv zum Helfer werden.

Dos und Don'ts

Offen zu eigenen Fehlern stehen

Wie bereits erwähnt, sind Sie als Führungskraft immer auch ein Vorbild für Ihre Mitarbeitenden. Ihr Verhalten wird bewusst oder unbewusst nachgeahmt. Wie Sie selbst mit Ihren eigenen Fehlern umgehen, hat somit wesentlichen Einfluss darauf, wie Ihre Mitarbeitenden wiederum ihre Fehler handhaben. Darum ist es wichtig, dass Sie offen und ehrlich zu Ihren Fehlern stehen und diese mit der gleichen Selbstverständlichkeit thematisieren wie die Fehler, die in Ihrem Team passieren. Dadurch etablieren Sie ein Fehlermanagement, das zum innovativen Erfolgsmotor für Ihr Unternehmen werden kann.

Fehler auf andere abwälzen

Dulden Sie nicht, dass Fehler auf andere abgewälzt werden und machen Sie es natürlich auch selbst nicht. Entscheidend bei einem effektiven Fehlermanagement ist nicht, Schuldige benennen zu können, sondern Probleme zu lösen und Fehlerquellen zu eliminieren. Ein interessanter Ansatz für Führungskräfte ist folgende Idee: Geben Sie alle Erfolge an Ihr Team weiter und übernehmen Sie alle Verantwortung für Mängel – auch wenn Sie genau wissen, wer es verbockt hat. Probieren Sie es mal aus!

5.6 Umgang mit Kritik

Ein erfahrener Politiker hat einmal gesagt: «Kritiker haben wir genug. Was unsere Zeit braucht, sind Menschen, die ermutigen.» Natürlich sollen Sie als Führungsperson in erster Linie ermutigen und motivieren. Doch leider kommt man in verantwortungsvoller Position nicht drumherum, hin und wieder auch Kritik zu üben.

Und das ist gar nicht so einfach. Nur, damit es gesagt ist: Wütend rumbrüllen kann jeder. Dafür braucht es kein Talent. Und bedauerlicherweise kommen sie auf Chefetagen gar nicht so selten vor, die in regelmäßigen Abständen explodierenden Supervulkane.

Exakt, konstruktiv und im richtigen Moment zu kritisieren will gelernt sein. Das braucht logischerweise Vorbereitung und Taktik. Auch bei erhöhter Pulsfrequenz und steigendem Blutdruck: Schießen Sie nicht aus der Hüfte, indem Sie zum Beispiel spontan bei einem Meeting ein ganzes Team abkanzeln. Pauschale Kritik bringt eh nichts, denn diese bezieht schlussendlich sowieso niemand auf sich selbst.

Bereiten Sie sich darum unbedingt aufs Kritisieren vor. Das Motto lautet: Kritisieren Sie knapp und präzise. Reden Sie nicht um den heißen Brei herum.

Sagen Sie zu Beginn ohne Umschweife, was Sie stört oder was ändern muss. Begründen Sie Ihre Kritik möglichst mit Beispielen, ohne die Sache unnötig breitzuschlagen. Erklären Sie danach, was genau Sie künftig erwarten. Und dann schließen Sie mit einem positiven Aspekt ab, zum Beispiel mit den Vorteilen, die sich durch die Änderung ergeben.

Natürlich soll man auch der anderen Seite Zeit geben, Ihren Standpunkt zu erklären. Aber nur, wo es zielführend ist. Wenn Sie eine kristallklare Vorstellung davon haben, was sich ändern muss, dann fordern Sie das als Führungsperson konsequent ein, und zwar ohne Diskussionen.

Zu guter Letzt: Denken Sie daran, dass sich Probleme nur selten lösen, indem man sie auf Eis legt. Sprechen Sie Unangenehmes zeitnah, mutig und direkt an und freuen Sie sich über die Verbesserungen, die Sie dadurch erreichen.

Dos und Don'ts

 Geeigneten Moment fürs Kritisieren abwarten

Erfolg hängt oft vom richtigen Timing ab. Das gilt auch fürs Kritisieren. Überstürzen Sie nichts, aber warten Sie auch nicht zu lange mit Ihrer Kritik. Versuchen Sie nach Möglichkeit, einen für Sie als auch für den Empfänger der Kritik passenden Zeitpunkt abzuwarten. Je entspannter der Moment, in dem Kritik geäußert wird, desto größer ist die Aussicht, dass sie fruchtet.

 Salomon-Paradox

Dieses Paradox besagt, dass viele Menschen den Problemen anderer mit größerer Vernunft und Einsicht begegnen als den eigenen. Der legendäre König Salomon konnte zwar anderen weisen Rat geben, erwies sich selbst aber als ziemlich beratungsresistent. Auch viele Führungspersonen verteilen großzügig Ratschläge und kritisieren gern und oft, reagieren selbst aber empfindlich, wenn sie Kritik ausgesetzt sind. Nehmen Sie sich als Führungsperson vor, Kritik an Ihnen – ob berechtigt oder nicht – mit der gleichen Haltung zu begegnen, die Sie bei anderen erwarten.

5.7 Gut geführte Vorstellungsgespräche

Oft gehört es zur (Mit)Verantwortung einer Führungskraft, die richtigen Leute fürs Team zu finden und auszuwählen. Der Erfolg hängt dabei auch von einem gut moderierten Vorstellungsgespräch ab.

Hier ein Vorschlag zur Strukturierung von Vorstellungsgesprächen:

1. Start → Begrüßen Sie Ihren Gast bewusst freundlich. Stellen Sie sich (und allfällige weitere Anwesende) mit Namen und Funktion vor und skizzieren Sie kurz den Ablauf des Gesprächs.
2. Vorstellung → Stellen Sie dem Bewerber die zu besetzende Position, die Aufgaben, das Arbeitsumfeld usw. vor. Machen Sie dabei beste Werbung für die Stelle.
3. Interview → Hier geht es darum, den Bewerber kennenzulernen und dessen fachliche Eignung für die Position festzustellen. Befragen Sie ihn zu Werdegang, Motivation, Erfahrungen, Erfolgen, Misserfolgen usw.
4. Fragerunde → Geben Sie dem Bewerber die Gelegenheit, seinerseits Fragen zu stellen.
5. Abschluss → Fragen Sie zum Schluss deutlich, ob nach wie vor Interesse am Job besteht. Wenn ja, erklären Sie dem Bewerber, wie es nach dem Gespräch weitergeht.

Der englische Begriff «Job Interview» für Vorstellungsgespräch zeigt, dass Sie möglichst viele Fragen stellen sollten, um Ihr Gegenüber gut einschätzen zu können. Die folgenden Fragen helfen, eine Person kennenzulernen:

- Wie motivieren Sie sich?
- Welche Werte sind Ihnen wichtig?
- Was für Menschen mögen Sie besonders und warum?
- Was schätzen Ihre Freunde an Ihnen?
- Was nervt Sie an sich selbst?
- Wer war der beste Chef, den Sie je hatten und warum?
- Mit wem würden Sie gerne ein Abendessen lang plaudern?
- Was würden Sie beruflich anders machen, wenn Sie zurückkönnten?
- Was macht Sie für den Job besonders geeignet?

Vergessen Sie bei der ganzen Fragerei nicht, den zu vergebenden Job optimal zu verkaufen, denn die richtigen Talente müssen gewonnen werden!

Dos und Don'ts

Klare Ansage bei Lohnfrage

Nehmen Sie bei der Lohnfrage das Heft selbst in die Hand. Fragen Sie nicht den Bewerber, wieviel er sich vorstellt, sondern machen Sie hier mit einer klaren Ansage den ersten Schritt. Wie in jeder Verhandlung gilt auch bei einer Lohnverhandlung die Kraft des ersten Angebots. Darum ist es wichtig, zu «ankern», also offensiv den ersten Vorschlag zu platzieren und diesen danach so gut wie möglich zu verteidigen. Diese Strategie ist meistens einfacher und deshalb erfolgreicher, als gegen den hohen Erstvorschlag des Bewerbers anzurennen.

Allzu kreative Fragen stellen

Vielleicht interessiert es Sie ja tatsächlich, wie viele Golfbälle in einen SUV passen oder was ein Pinguin mit Sombrero sagen würde, wenn er ins Vorstellungsgespräch hereinplatzen würde. Wenn aber nicht, lassen Sie solche allzu kreativen Fragen besser beiseite. Erstens wirken sie sehr aufgesetzt und zweitens gibt es Techniken, wie ein Bewerber clever auf solche sogenannten «Stressfragen» reagiert. So oder so kommt dabei selten etwas Brauchbares heraus. Stellen Sie darum besser Fragen, deren Antworten auch wirklich aussagekräftig sind und Sie im Auswahlverfahren weiterbringen.

5.8 Erfolgreiche Mitarbeitergespräche

Mitarbeitergespräche sind häufig mit einiger Aufregung verbunden – sowohl für Angestellte als auch für Vorgesetzte. Doch gut geführte Mitarbeitergespräche sind sehr wertvoll, denn dabei können Punkte angesprochen werden, die auch bei bester Kommunikation in der alltäglichen Zusammenarbeit gar nicht oder nur ungenügend thematisiert werden.

Oberstes Ziel von Mitarbeitergesprächen ist es, die Motivation der Angestellten zu steigern. Sie sollen sich verstanden, abgeholt und wertgeschätzt fühlen. Für Führungspersonen ist es zudem eine prima Möglichkeit, um ihr Team aber auch die Prozesse im eigenen Unternehmen noch besser zu verstehen.

Bereiten Sie sich als Führungsperson gut auf Mitarbeitergespräche vor. Tragen Sie alle wichtigen Informationen zusammen, wie z. B. Beurteilungen und Protokolle aus vorherigen Gesprächen.

Ein Mitarbeitergespräch können Sie auf einfache Weise wie folgt gliedern:

1. Einstieg → Starten Sie wie immer positiv ins Gespräch.
2. Rückblick → Schauen Sie gemeinsam über die letzte Periode zurück. Begründen Sie Ihr Feedback stets mit konkreten Beispielen und Situationen, damit Ihre Aussagen nachvollziehbar sind.
3. Zukunft → Was wünscht sich der Mitarbeitende, was wünschen Sie sich und wie können diese Ziele gemeinsam erreicht werden?
4. Abschluss → Fassen Sie die Ergebnisse des Gesprächs kurz zusammen. Schließen Sie mit einem positiven Punkt ab und bedanken Sie sich.

Mit folgender Checkliste können Sie überprüfen, ob Sie fürs Mitarbeitergespräch bereit sind:

- ☐ Ich bin gut informiert.
- ☐ Ich weiß, welche Themen ich ansprechen werde.
- ☐ Ich weiß, was ich mir für die Zukunft wünsche.
- ☐ Ich bin positiv gestimmt und offen für konstruktives Feedback.

Und nie vergessen: Lob bewirkt immer mehr als Kritik, denn Lob fördert die positiven Kräfte. Machen Sie es sich zur Gewohnheit, kein Mitarbeitergespräch zu führen, ohne (mindestens) ein Lob auszusprechen.

Dos und Don'ts

Mitarbeitergespräche auf Augenhöhe führen

Begegnen Sie Ihren Mitarbeitenden (auch) bei Mitarbeitergesprächen auf Augenhöhe. Das zeigt sich vor allem durch aufrichtiges Interesse und aufmerksames Zuhören. Bemühen Sie sich um eine entspannte und gleichzeitig professionelle Atmosphäre. Und zeigen Sie selbst Verständnis bei Anliegen oder Bemerkungen, die Ihnen realitätsfern erscheinen.

Sofortiger Verteidigungsmodus bei Kritik

Viele Führungskräfte neigen dazu, flugs in den Verteidigungsmodus zu schalten, wenn bei Mitarbeitergesprächen Kritik geäußert wird. Widerstehen Sie dem Drang, sich selbst oder Umstände sofort zu rechtfertigen. Warten Sie ab. Lassen Sie ausreden. Hören Sie aufmerksam zu und fragen Sie nach. Bedanken Sie sich für die Offenheit. Und haben Sie die Größe, Kritik auch einfach mal anzunehmen und sich für Dinge, die krumm gelaufen sind, zu entschuldigen – ob es nun Ihre Schuld war oder nicht.

5.9 Talente fördern

Talente sind schwer zu finden. Umso wichtiger ist es, die guten Leute, die man schon hat, zu halten. Dabei reicht es nicht, die Talentförderung auf der Website und in Leitbildern zu erwähnen. Sie muss auch *gelebt* werden.

Die Fähigkeit von Vorgesetzten erkennt man an ihrer Fähigkeit, Fähigkeiten ihrer Mitarbeitenden zu erkennen. Wer nicht rechtzeitig beginnt, Talente im eigenen Unternehmen und außerhalb zu finden, zu fördern und zu binden, kann im «War for Talents» rasch ins Hintertreffen geraten.

Dazu braucht es zunächst einmal die grundsätzliche Bereitschaft, als Führungsperson Verantwortung und Kompetenz abzugeben. Mancherorts scheitert die Talentförderung daran, dass Vorgesetzte ihre «Königreiche» uneingeschränkt beherrschen wollen. Nur wer Talente erkennen *will*, wird sie auch erkennen.

Bei der Talentförderung fällt der Kommunikation großes Gewicht zu. Um Talente zu entdecken, müssen Sie in regem Austausch mit Ihrem Team stehen. Das braucht Zeit. Mitarbeitergespräche können dabei lediglich als Orientierungsrahmen für regelmäßige, offene Gespräche dienen.

Auch das generelle Vorbild von Führungskräften ist sehr wichtig. Gerade ambitionierte Mitarbeitende stellen sich nämlich Fragen wie: Kann ich von meiner Führungskraft etwas lernen? Glaubt meine Führungskraft an mich? Fördert mich meine Führungskraft gezielt?

Diese Logik führt übrigens auch zu folgender Erkenntnis: Wer sich zu einer Kündigung entschließt, verlässt meistens nicht in erster Linie das Unternehmen, sondern den Vorgesetzten.

Talentförderung ist ein Investment. Der Return für Führungskräfte liegt darin, dass kompetente und motivierte Mitarbeitende weniger Unterstützung benötigen und damit effizienter arbeiten. Zudem festigt diese Vorgehensweise die emotionale Bindung zwischen Mitarbeitenden und Unternehmen und fördert deren Zufriedenheit. Von einer umfassenden Talentförderung profitieren somit beide Seiten.

Dos und Don'ts

 Mentoring zur Talentförderung nutzen

Je nach Teamgröße ist es für Sie als Vorgesetzter nicht möglich, sich intensiv und regelmäßig mit all Ihren Talenten auszutauschen. Hier können Mentoring-Programme helfen, bei denen erfahrene Mitarbeitende Mentoring-Tandems bilden. Das hat den doppelten Vorteil, dass Sie entlastet werden und der geförderte Mitarbeitende Inputs aus einer weiteren Perspektive erhält.

 Eigensinnige Charaktere verkennen

Natürlich gilt bei Personalentscheidern der Grundsatz, dass der Deckel zum Topf passen sollte. Doch der Topf muss sich heutzutage flexibel und formbar zeigen. Gute Vorgesetzte besetzen Stellen daher auch mit unkonventionellen Kandidaten. Die Führung von eigensinnigen Talenten mag zwar bisweilen anstrengend sein: Als Vorgesetzter muss man sich mit deren Ecken und Kanten, deren Kritik- und Widerspruchspotenzial, deren Ansprüchen usw. aktiv auseinandersetzen. Doch das lohnt sich, denn im Endeffekt profitiert jedes Team viel mehr von einem großen und breiten Pool mit unterschiedlichen Ansichten und Perspektiven als von einem flachen Tümpel, bestehend aus gleichgeschalteten Ja-Sagern.

5.10 Veränderungen etablieren

Obwohl nichts so beständig ist wie der Wandel, tendieren Menschen trotzdem dazu, am Bestehenden festzuhalten. Eine Führungskraft mit Weitsicht wartet jedoch nicht, bis Probleme auftauchen und eine Veränderung unumgänglich wird. Krisen meistert man am besten, indem man ihnen zuvorkommt.

Und dies geht nun mal nicht, ohne Strukturen, Prozesse und Verhaltensweisen immer wieder zu hinterfragen und bei Bedarf anzupassen. Leider scheitern Change-Management-Projekte in der Praxis ebenso oft wie kläglich, weil Rahmenbedingungen nicht beachtet und Regeln nicht eingehalten werden.

Wichtig ist zunächst einmal die Erkenntnis, dass Menschen dazu *motiviert* werden müssen, sich zu verändern. Der Schlüssel dazu liegt, Sie ahnen es schon, in der Kommunikation.

Folgende Grundregeln gilt es beim Change-Management zu beachten:

- Informieren Sie frühzeitig und detailliert.
- Erklären und begründen Sie die Notwendigkeit der anstehenden Veränderung klar und für alle nachvollziehbar.
- Kommunizieren Sie das angestrebte Ziel sowie den Fahrplan zum Erreichen der Veränderung. Es muss für alle Beteiligten klar sein, wie genau die Veränderung vollzogen wird und was am Ende erreicht werden soll.
- Nennen Sie das Kind beim Namen und reden Sie nichts schön. Was sein muss, muss sein. Da nützen selbst blumige Umschreibungen nichts.
- Ziehen Sie Betroffene – wo möglich und sinnvoll – in die Planung der Veränderung mit ein. Wer selbst mitgestaltet, trägt auch besser mit.
- Streichen Sie die Vorteile der Veränderung immer wieder heraus.
- Kommunizieren Sie, wenn ein Veränderungsprojekt abgeschlossen ist, und bedanken Sie sich bei allen Beteiligten für die Mithilfe.
- Belohnen Sie den entstandenen Mehraufwand. Feiern Sie erreichte Erfolge. Das schweißt zusammen und ist motivierend für spätere Veränderungsprozesse.

Gemäß Aristoteles können wir zwar den Wind nicht ändern, aber wir können die Segel richtig setzen. Mit der nötigen Weit- und Umsicht wird Ihnen das als Führungsperson mit Ihrem Team bestimmt gut gelingen.

Dos und Don'ts

Veränderungen detailliert planen

Planen Sie Veränderungen möglichst detailliert, bevor Sie in die Umsetzungsphase einsteigen. Kaum etwas ist mühsamer als unausgegorenes Change-Management, das während der Umsetzung dauernd verändert und am Schluss womöglich noch ganz abgeblasen wird. Schnellschüsse landen nur selten im Tor. Darum gilt hier: Gute Vorbereitung ist die halbe Veränderung.

Veränderungen zu schnell umsetzen

Vollziehen Sie Veränderungen nicht schneller als nötig. Planen Sie den Change in einer Form und Geschwindigkeit, in der alle Betroffenen den Wandel möglichst gut bewältigen können. Denken Sie daran: Das Gras wächst nicht schneller, wenn man daran zieht. Wer eine Veränderung anstrebt, braucht nicht nur gute Ideen, sondern auch eine große Portion Geduld, um zum Erfolg zu kommen.

5.11 Umgang mit Stress

Die meisten Führungskräfte arbeiten heute in einem hochgradig stressigen Umfeld. Doch auf dieser Stress-Autobahn braucht es unbedingt Geschwindigkeitsbegrenzungen. Einige grundlegende Überlegungen können helfen, den Stress auf einem erträglichen Level zu halten. Die Zauberwörter dabei lauten Resilienz, Delegieren und Vertrauen und sie sind allesamt eng mit dem eigenen Kommunikationsstil verknüpft.

Der Begriff Resilienz stammt ursprünglich aus der Werkstoffkunde. Er beschreibt die Fähigkeit eines Stoffes, nach einer Verformung wieder in seine anfängliche Form zurückzukehren. Als Führungsperson brauchen Sie somit innere Stärke oder Widerstandskraft, damit Sie mit problematischen Situationen, Termindruck, Ungewissheit usw. zurechtkommen. Auch wenn es abgedroschen klingen mag: Dies erreicht nur, wer sich genügend Schlaf, Bewegung und eine (einigermaßen) gesunde Ernährung gönnt. Und ganz wichtig sind Zeiten, in denen man nicht erreichbar ist, denn wer immer erreichbar ist, erreicht bekanntlich nichts.

Zudem delegiert ein guter Vorgesetzter und dies gezielt und klar. Entscheidend dabei ist, die Verantwortung auch *wirklich* abzugeben. Denn gerade der vielerorts grassierende Kontrollwahnsinn generiert enorm viel völlig unnötigen Stress. Denken Sie daran: Hinter einem guten Team steht niemals ein kontrollierender Chef.

Auch hier gilt wieder: Schenken Sie Ihrem Team großzügig Vertrauen. Definieren Sie mit Ihren Mitarbeitenden klare Ziele und bieten Sie – wo nötig – Unterstützung als Sparringpartner an. Seien Sie sich der Leistungsgrenzen der Mitarbeitenden und natürlich auch der eigenen Grenzen bewusst. Mit einer vertrauensvollen und großzügigen Haltung erreichen Sie gleich zwei Pluspunkte auf einmal: Sie fördern in Ihrem Team Kreativität und unternehmerisches Denken und Sie sind weniger gestresst.

Und solange Sie nicht gerade Herzchirurg oder Sprengmeister sind, dürfen Sie sich auch mal mit einem *passablen* statt mit einem *perfekten* Resultat zufriedengeben. Dies hilft ebenfalls, den Stress in Schach zu halten.

Hier noch ein letzter Anti-Stress-Tipp, und zwar mit vier Buchstaben: NEIN.

Dos und Don'ts

 Richtig Delegieren

Damit Delegieren nicht zum Bumerang wird und am Schluss sogar noch mehr Stress produziert, folgen Sie dabei am besten folgenden W-Fragen:

1. Was soll delegiert werden? → Die Aufgabe muss präzise definiert werden.
2. Wer ist dazu geeignet? → Delegieren darf nicht überfordern.
3. Wie wollen Sie kommunizieren? → Dabei muss klar sein, was erledigt werden muss und wie das passieren soll. Lassen Sie bei der Umsetzung trotz allem gewisse Freiheiten. Das fördert Kreativität, Motivation und Eigenverantwortung.
4. Wann soll es erledigt sein? → Terminieren Sie den Task, damit alle eine klare Zeitvorstellung haben.
5. Was ist allenfalls ungewiss? → Stellen Sie sicher, dass für den Beauftragen alles klar ist.

Vergessen Sie nicht, ein Feedback zu geben, nachdem die Aufgabe abgeschlossen ist. Und bedanken Sie sich für die geleistete Arbeit.

 Pausenlose Hektik

Auch als Führungsperson kann man ein (Arbeits-)Leben führen, ohne dauernd am Rand des Nervenzusammenbruchs zu segeln. Ein guter Manager ist nicht jener, der tausend Dinge gleichzeitig jongliert und hektisch von Termin zu Termin hetzt. Ein guter Manager erledigt Dinge konzentriert und strahlt Ruhe aus. Der größte Feind der Qualität ist die Eile. Und Sie wissen ja: In der Ruhe liegt die Kraft. Gehen Sie darum als Führungskraft mit gutem Beispiel voran und wirken Sie bei sich und in Ihrem Umfeld zielloser Hektik entgegen.

5.12 Erfolgreiches Networking

Auch wenn sich wohl die wenigsten gern mit Spinnen vergleichen lassen, so gilt für Führungskräfte doch dasselbe wie für die achtbeinigen Krabbeltiere: Je größer und stärker ihr Netz, desto erfolgreicher sind sie.

Nutzen Sie darum Netzwerkanlässe, um «Vitamin B» zu tanken. Ein weitverzweigtes Netzwerk sichert Perspektiven und hilft dabei, Ziele zu erreichen und Ideen zu verwirklichen. No network, no opportunities – kein Netzwerk, keine Möglichkeiten.

Allerdings sind turbulente Stehlunches und wuselige Business-Get-togethers für viele ein Graus. Mit folgenden Tipps werden solche Anlässe zum Erfolg:

- Erwarten Sie nicht zu viel und setzen Sie sich nicht unter Druck. Werten Sie jedes Gespräch und jeden Kontakt als Gewinn. Wer weiß, was daraus irgendwann mal wird.
- Sympathische Höflichkeit und gute Umgangsformen sind beim Networking oberstes Gebot. Zeigen Sie sich von Ihrer galantesten Seite.
- Lächeln Sie und schauen Sie Ihren Gesprächspartnern freundlich in die Augen. Mit aufgestellten Menschen unterhält man sich viel lieber als mit blassen Langweilern.
- Versuchen Sie, ganz natürlich zu wirken. Seien Sie einfach Sie selbst – damit haben Sie schließlich am meisten Erfahrung.
- Bereiten Sie sich vor. Überlegen Sie sich, mit welchen paar Sätzen Sie sich vorstellen könnten. Flechten Sie darin etwas Spannendes ein, das dem Gegenüber die Chance gibt, daran anzuknüpfen.
- Bleiben Sie oberflächlich. Sperren Sie den Moralapostel zu Hause in den Schrank und starten Sie auch keine Grundsatzdiskussionen. Geben Sie sich offen, aufgeschlossen und tolerant.
- Interessieren Sie sich für Ihre Gesprächspartner, indem Sie aufmerksam zuhören und zu ihren Aussagen Fragen stellen.

Und zu guter Letzt: Networking heißt Nehmen und Geben. Seien Sie großzügig mit dem Offerieren von Gefälligkeiten wie dem Vermitteln von Kontakten oder Informationen. Dann werden andere auch Ihnen gegenüber großzügig sein.

Und jetzt: Have fun! Freuen Sie sich auf Ihren nächsten Networking-Anlass und punkten Sie mit sympathischer Lässigkeit.

Dos und Don'ts

Immer eine Visitenkarte zur Hand haben

Vielleicht kommt es Ihnen in der digitalisierten Welt von heute ein wenig altmodisch vor, immer noch auf Visitenkarten zu setzen. Doch die Visitenkarte ist nach wie vor ein sehr praktisches Mittel, um einen Kontakt weiterzuführen. Wer am Ende eines Smalltalks die Visitenkarte austauscht, hat die Möglichkeit, sich zu melden oder sich auf Businessnetzwerken wie *LinkedIn* zu vernetzen. So wird das Networking nachhaltig und langfristig nützlich.

Permanenter Scanner-Blick

Viele machen bei Networking-Anlässen den Fehler, permanent das Umfeld zu scannen. Selbst wenn sie gerade mit jemand sprechen, lassen sie ihren Blick nervös herumschweifen auf der Suche nach weiteren Kontaktmöglichkeiten. Das ist erstens den aktuellen Gesprächspartnern gegenüber sehr unhöflich und zweitens bringt es auch nicht viel, da man sowieso bei keinem Anlass mit allen potenziell interessanten Personen sprechen kann. Beim Networking gilt: Klasse statt Masse! Holen Sie das Möglichste aus einem aktuellen Gespräch heraus und gehen Sie anschließend wieder auf die Suche nach weiteren Anknüpfungspunkten für Ihr Netzwerk.

5.13 Zusammenfassung: 10 Erfolgsregeln für die Führungskommunikation

Die folgenden 10 Regeln bringen Sie in der Führungskommunikation zum Erfolg:

1. Versuchen Sie stets, für alle in Ihrem Team Motivator, Vorbild und Vertrauter zu sein.
2. Seien Sie verschwenderisch mit Lob.
3. Konzentrieren Sie sich beim Zuhören voll und ganz auf Ihr Gegenüber.
4. Pflegen Sie mit allen Teammitgliedern einen regelmäßigen Austausch.
5. Etablieren Sie eine positive Fehlerkultur, in der alle offen zu Fehlern stehen können.
6. Kritisieren sie präzise und konstruktiv und seien Sie auch selbst offen für Kritik.
7. Bereiten Sie sowohl Mitarbeiter- als auch Vorstellungsgespräche gut vor.
8. Kommunizieren Sie bei Veränderungsprozessen das angestrebte Ziel sowie den Fahrplan zum Erreichen der Veränderung deutlich und möglichst frühzeitig.
9. Delegieren Sie gezielt und klar und geben Sie dann die Verantwortung auch wirklich ab.
10. Bereiten Sie für Networking-Anlässe ein paar Sätze vor, mit denen Sie sich vorstellen können.

> **MERKE:**
> Als Führungsperson brauchen Sie keine Mitarbeiter, sondern Mitdenker, Mitlenker, Mitgestalter und Mitentscheider.

Nachwort

Ich bin überzeugt, dass Sie mit meinen Tipps bestens gerüstet sind für Ihr Business. Ich wünsche Ihnen weiterhin viel Passion, Mut, Humor und Schlagfertigkeit, denn das sind die wichtigsten Voraussetzungen für den Erfolg in der Kommunikation. Wie ich selbst sind Sie bestimmt auch motiviert, weiter an sich zu arbeiten und an Ihren Fähigkeiten zu schleifen. So wandelt sich das Auftreten unaufhörlich von einem Rohdiamanten zu einem funkelnden Brillanten.

In diesem Sinne wünsche ich Ihnen von Herzen souveräne und strahlende Auftritte.

Ihr

Michael Oefner

Anhang – Leeres Vorbereitungsschema zum selbst ausfüllen

Hier finden Sie das im Kapitel 2.6 vorgestellte und erläuterte Vorbereitungsschema zum selbst ausfüllen.

Ausgangslage			
Verhandlungssache:	....		
Verhandlungspartner:	....		
Beziehungsart:	☐ gut	☐ neutral	☐ Konflikt
Charakter Verhandlungspartner:	....		
Besonderheiten:	....		
Hat Verhandlungspartner Entscheidungskompetenz:	☐ ja	☐ nein	☐ unklar
Einstellung von Verhandlungspartner zu mir/uns:	☐ positiv	☐ neutral	☐ negativ
Einstellung von Verhandlungspartner zu meiner Firma/Organisation:	☐ positiv	☐ neutral	☐ negativ
Einstellung von Verhandlungspartner zur Verhandlungssache:	☐ positiv	☐ neutral	☐ negativ
Einstieg			
Smalltalk-Themen:	....		

Ziele	
Maximalziel:	....
Minimalziel:	....
Maximalziel Verhandlungspartner:	....
Minimalziel Verhandlungspartner:	....
Interessen	
Meine Interessen/ Bedürfnisse:	....
Interessen/Bedürfnisse Verhandlungspartner:	....
Taktische Mittel	
Erstvorschlag:	☐ offensiv ☐ defensiv
Argumente:	....
Mögliche Zugeständnisse:	....

Anhang – Leeres Vorbereitungsschema zum selbst ausfüllen

Alternativen	
Alternative(n):	....
Exit-Point:	....
Potenzial	
Zusätzliches Potenzial:	....
Strategie	
Meine Strategie:	....
Mögliche Stolpersteine:	....

Nach der gewissenhaften und detaillierten Vorbereitung anhand von diesem Vorbereitungsschema geht es zuversichtlich und selbstbewusst an die Umsetzung in der eigentlichen Verhandlung. Viel Erfolg dabei! Und denken Sie immer daran: Das Geheimnis des Könnens liegt im Wollen.

MIX
Papier aus verantwortungsvollen Quellen
Paper from responsible sources
FSC® C105338

If you have any concerns about our products,
you can contact us on
ProductSafety@springernature.com

In case Publisher is established outside the EU,
the EU authorized representative is:
**Springer Nature Customer Service Center GmbH
Europaplatz 3, 69115 Heidelberg, Germany**

Printed by Libri Plureos GmbH
in Hamburg, Germany